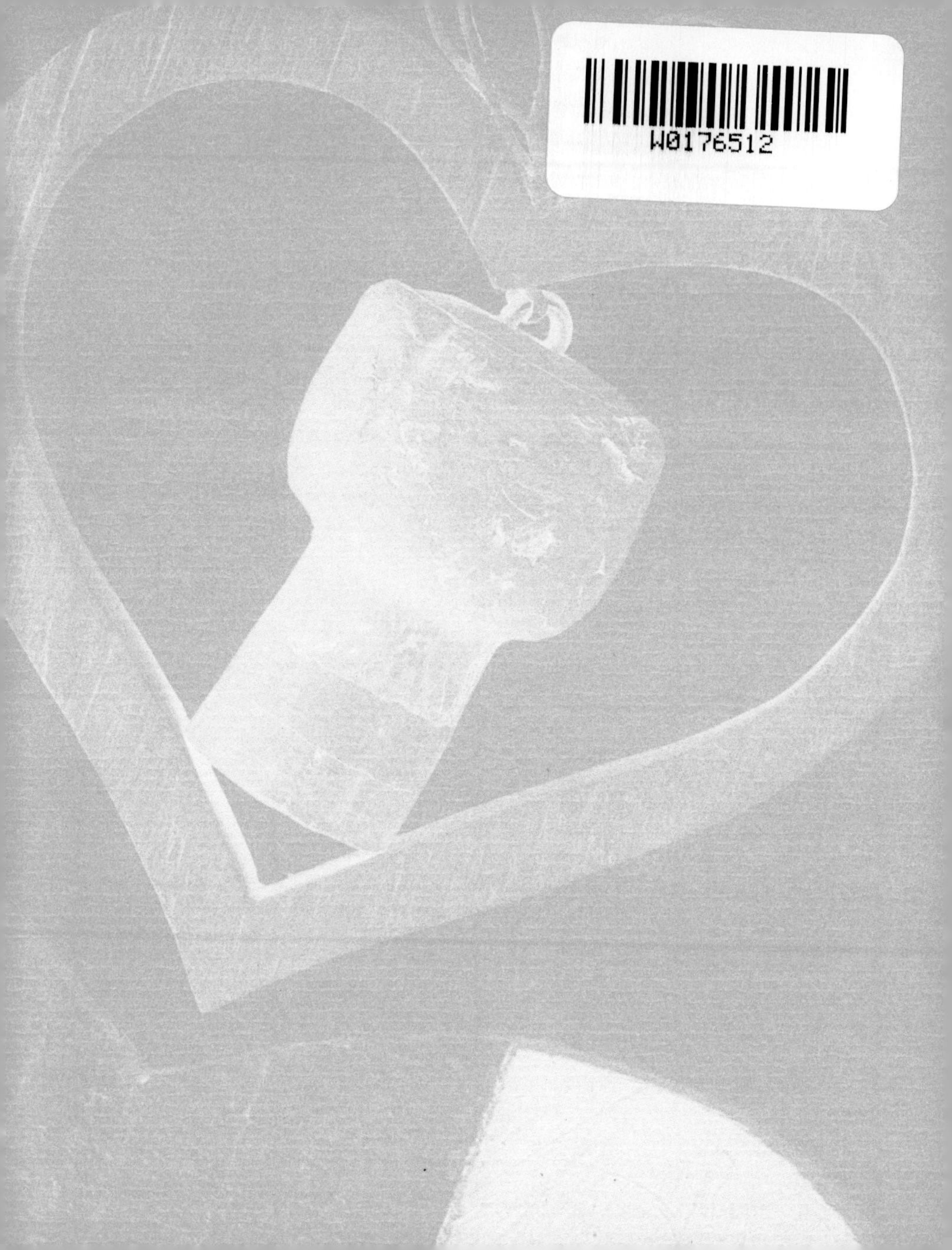

TADAHIKO NAGAO · ISAMU SAITO

Mehr KOKOLOGY

Neue Spiele des Herzens

Der Begriff **Kokology** \kɒˈkɒlɒdʒɪ\, japanisch *kokoro* (Geist, Seele, Gefühle) + griechisch *-logìa* (die Lehre von ..., eine Beschäftigung mit ...). **1.** Eine Reihe von psychologischen Spielen, bei denen Gefühls- und Verhaltensmuster der Spieler aufgedeckt werden. **2.** Umgangssprachlicher Begriff für die Interpretation menschlicher Verhaltensweisen und situationsbedingter Reaktionen. **s. auch Kokologe, kokologisch, kokologisieren ...**

TADAHIKO NAGAO · ISAMU SAITO

Mehr KOKOLOGY

Neue Spiele des Herzens

Erforschen Sie Ihre geheimsten Gefühle

KABEL

Die japanische Originalausgabe erschien 1997
unter dem Titel »Sore ike Kokorojī« bei Seishun Publishing Co in Tokio.

Aus dem Japanischen von Ursula Gräfe und Kimiko Nakayama-Ziegler

ISBN 3-8225-0540-4

Gesetzt aus der Syntax und Walbaum
Umschlaggestaltung und -foto: Peter Gross, München
Satz und Layout: Peter Gross, München
Druck und Bindung: Kösel, Kempten
Printed in Germany

www.kabel-verlag.de

Inhalt

9 Einführung

11 Wie man Kokology spielt

Die wichtigste Sache der Welt

16 Fremde in der Nacht

20 Aufforderung zum Tanz

23 Auf dem Rücken der Pferde …

26 Glück im Spiel

31 Sommerwind

33 Der Lottogewinn

37 Hinter den Kulissen

40 Drachensteigen

43 Jahrmarkt der Liebe

47 Zoologie

49 In der Anprobekabine

51 Partytime

53 Wunschdenken

56 Wenn einer eine Reise tut …

Charakter und Charisma

62 Zugeknöpft?

65 Was die sieben Zwerge nicht sagten

67 Geheime Wünsche

71 Eine junge Frau mit traurigen Augen

75 Hello Dolly

77 Faszinierende Beine

79 Wenn ich ein Vöglein wär …

81 Katzenjammer

84 Home, Sweet Home

87 Single Belles

90 Der nächste, bitte!

95 Wer den Schaden hat …

99 Fünfzig ist doch kein Alter

103 Sag mir, wo die Blumen sind

105 Das wahre Gesicht

Ein Freund, ein guter Freund ...

111 Warum der Elefant einen so langen Rüssel hat

115 Im Gänsemarsch

117 Wie Hund und Katze

119 In der Unfallklinik

121 Ein geheimnisvoller Brief

Zurück in die Zukunft

126 Cats

130 In der Dämmerung

135 Mein Freund, der Baum

137 Mama Bär

140 Trautes Heim

145 Eine Schublade voller Vergangenheit

148 Im Rampenlicht

153 Als ich klein war …

155 Be my Baby

Professor Isamu Saito unterrichtet an der renommierten Rissho Universität in Tokio und hat zahlreiche Bestseller zur populären Psychologie und zu Partnerschaftsthemen veröffentlicht. Er ist der geistige Kopf von KOKOLOGY.
Tadahiko Nagao schuf den gleichnamigen TV-Renner.
Gemeinsam haben die beiden das erfolgreiche Psychoquiz zum Bestseller gemacht. In Japan ist KOKOLOGY Kult – mit inzwischen über 4 Millionen Büchern.

KOKOLOGY PROJECT TEAM

Executive Producer:	Hisataka Saito
General Producer:	Tadahiko Nagao, Takanori Ikeda
Team Staff:	Shinichi Iwata, Daisuke Shidara
Cooperator:	Keiko Higashiomori
Supervisor:	Isamu Saito
Besonderen Dank an:	Toshihide Ochiai, Takeshi Itoh

Einführung

Der Verstand hat zwei Augen. Das eine blickt in die äußere Welt, wo es Informationen über die Umwelt und unsere Mitmenschen sammelt, das andere richtet sich nach innen: Es blickt in die verborgene Welt unserer Seele, es prüft, was andere wohl von uns denken mögen, und es schielt mit der Frage in die Zukunft, was für ein Mensch wir wohl eines Tages sein werden.

Bücher, Zeitungen, Fernsehen und andere Medien versorgen uns mit Informationen und helfen uns, die äußere Welt zu verstehen. Der Medien-Boom der letzten Jahre hat eine sensorische Überreizung und Informationsschwemme bewirkt, die wir kaum noch verarbeiten können. Doch um unsere innere Welt zu entdecken und zu verstehen, gibt es weit weniger Hilfsmittel. Psychologische Tests beispielsweise helfen uns, das innere Auge zu öffnen und seinen Blick zu schärfen. Die Psychologie beschäftigt sich zwar intensiv mit dem Innenleben der Menschen, doch wie jede Wissenschaft erfordert auch sie Zeit, Mühe und Lerneifer; außerdem bedient sich die Psychologie eines sehr eigenen Wortschatzes, der Laien den Zugang meist erschwert.

Kokology basiert zwar auf wissenschaftlich-psychologischen Erkenntnissen, ist aber unterhaltsam und leicht verständlich und ermöglicht jedem von uns, seine innere Welt im Spiel zu erfahren.

Kokology ist auch ein Kommunikationsmittel. Viele Menschen schreckt der Begriff »Psychotest« ab; selbst ich als Psychologe unterziehe mich nur ungern so einem Test. Doch es gibt spielerische Varianten dieser Entdeckungsreisen, bei denen man sich selbst auf spannende und lustige Weise besser kennenlernen kann. Wenn bei Kokology eine Interpretation unsinnig oder unwahrscheinlich klingt, dürfen Sie natürlich widersprechen – das ist Teil des Spiels. Doch Sie werden überrascht sein, wie treffend die Auswertungen den wahren Charakter eines Menschen enthüllen, auch Ihren eigenen. So bietet dieses Spiel eine gute Möglichkeit, Kommunikationslücken zwischen Freunden oder Liebenden zu schließen und sie einander näherzubringen. Wir verstehen uns danach besser und können leichter über Dinge sprechen, die sonst schwierig, heikel oder gar tabu sind.

Ich habe versucht, Kokology so unterhaltsam wie möglich zu gestalten, dabei aber psychologischen Grundsätzen treu zu bleiben. Ich wünsche Ihnen viel Spaß beim Spielen und viele neue Erkenntnisse über sich selbst und die Menschen, die Teil Ihres Leben sind.

Professor Isamu Saito, Rissho Universität, Tokio

Wie man Kokology spielt

Bei der Entwicklung von Kokology war unser erstes und vorrangiges Ziel, das Spiel unterhaltsam zu gestalten. Denn welcher normale Mensch würde schon ein Spiel spielen, das keinen Spaß macht? Unsere grundlegende Überlegung war: Die Spieler müssen sich in alltägliche und auch ungewöhnliche Situationen hineindenken und auf einfache Fragen antworten. Diese Antworten werden psychologisch interpretiert und verraten etwas darüber, wie der Mensch in seinem Inneren funktioniert. Es ist eine Art Rorschach-Test, nur mit Worten statt mit Tintenklecksen.

Das war der einfache Teil – schwieriger war es, den Spagat zwischen psychologischer Wissenschaft und witzigem Spiel zu schaffen. Professor Saito ist der Garant für die Wissenschaftlichkeit, doch nur Sie selbst können beurteilen, ob es uns gelungen ist, auch unterhaltsam zu sein. Ich bin kein Psychologe, aber ich weiß zumindest so viel über Menschen, daß sie keine langen Einführungen mögen, vor allem nicht zu einem Spiel. So begnüge ich mich damit, Ihnen acht Hinweise zu geben, wie Sie mit Kokology möglichst viel Vergnügen haben und dabei wichtige Erkenntnisse gewinnen können.

Viel Spaß!

Tadahiko Nagao

1. **Sprechen Sie aus, was Ihnen spontan in den Sinn kommt.**
Das Spiel funktioniert am besten, wenn Sie nicht zögern und nicht über Ihre Wortwahl nachdenken. Es gibt keine richtigen oder falschen Antworten. Lehnen Sie sich einfach zurück und sagen Sie, was Ihnen spontan einfällt.

2. **Spielen Sie, wenn möglich, zusammen mit anderen.**
Kokology kann wie jedes Buch auch alleine gelesen werden, aber es ist lustiger und spannender, wenn Sie es mit einem Partner oder in der Gruppe spielen. So können Sie sich gegenseitig auf vergnügliche Weise besser kennenlernen, und vielleicht entdecken Sie auch, daß Sie mit anderen Menschen mehr gemeinsam haben, als Sie bislang dachten. Möglicherweise stellen Sie auch fest, daß Sie sich so sehr von den anderen unterscheiden, als kämen Sie von einem anderen Stern. Aber das können Sie nur im Spiel herausfinden.

3. **Versuchen Sie nicht, die Lösungen zu erraten.**
Es ist ganz normal, daß man versucht, schlauer zu sein als das Spiel, und erraten will, welche Bedeutungen hinter den Antworten stecken. Aber davon haben Sie nicht viel – außer dem Ruf, ein Schlaumeier zu sein.

4. **Seien Sie ehrlich zu sich.**
Kokology ist zwar nur ein Spiel, aber wie bei jedem guten Spiel können Sie dabei sehr viel über sich lernen, wenn Sie es nur zulassen. Haben Sie keine Angst vor der Wahrheit, wenn ein kleiner Fehler oder eine Ihrer Schwächen aufgedeckt wird – trotzdem sind Sie eine kluge und liebenswerte Person. Schließlich haben Sie ja dieses Buch gekauft, oder?

5. **Bereiten Sie sich vor.**
Bei einigen Runden müssen Sie etwas aufschreiben oder malen. Daher sollten Sie schon am Anfang Papier und Stift bereitlegen. Fortgeschrittene Kokologen nehmen vielleicht eine Spielrunde auf Video auf – was Menschen für ein Gesicht machen, wenn ihr wahrer Charakter enthüllt wird, ist kaum zu überbieten! Und die Geheimnisse, die sie ausplaudern, sind auch ihr Geld wert ...

6. **Lesen Sie nicht im voraus.**
Ähnlich wie der Tip, nicht die Lösungen erraten zu wollen, ist dies ein Hinweis für Leute, die immer zuerst die letzte Seite eines Krimis lesen. Seien Sie einfach offen für Überraschungen. Was hat man denn schon davon, wenn man sagen kann: »Ich hab's die ganze Zeit gewußt!«?

7. **Beobachten Sie die Reaktionen Ihrer Mitspieler (und sich selbst).**
Die Interpretationen der Situationen in diesem Buch sind nur der Ausgangspunkt einer Reise, bei der Sie sich und andere besser kennenlernen können. Manchmal ist es aufschlußreicher (und lustiger) zu beobachten, wie jemand auf eine Auswertung reagiert, die ein bißchen danebenliegt, als ihm eine Antwort vorzulesen, die ins Schwarze trifft.

8. **Seien Sie offen für alles.**
Wie im wirklichen Leben ist es auch bei Kokology wichtig, daß Sie sich den Dingen nicht verschließen. Es gibt keine richtigen Antworten, und es gibt immer mehr als eine Möglichkeit, eine Situation zu interpretieren. Sie spielen mit Freunden – ergreifen Sie also die Gelegenheit, mehr von ihnen und über sie zu erfahren. Die Welt wäre doch grau, wenn wir alle das gleiche denken würden. Nur Vielfalt bringt Farbe ins Leben.

Die wichtigste Sache *der Welt*

Fremde in *der Nacht*

Zuweilen begegnet man einem Menschen nur ein einziges Mal im Leben und dann nie wieder, und dennoch hinterlassen Fremde oft einen bleibenden Eindruck. Es kann ein Taxifahrer sein, jemand in einem sonst leeren Aufzug oder ein Mitreisender im Zugabteil, eben eine geheimnisvolle fremde Person, deren Namen wir nie erfahren.

Es ist eine ziemlich spannende Angelegenheit, wenn zwei Fremde eine gewisse Zeit auf engstem Raum miteinander verbringen. Ist es da ein Wunder, wenn beide anfangs ein bißchen nervös sind?

Falls der Taxifahrer leutselig und zu Scherzen aufgelegt ist, kann die Fahrt sogar recht unterhaltsam werden. Ist er dagegen mürrisch und kurz angebunden und nickt nicht einmal, nachdem Sie ihm Ihr Ziel genannt haben, fühlen Sie sich unwohl und verunsichert, so daß Sie sich am liebsten schlafend stellen würden. Wer würde dagegen nicht eine möglichst angenehme und streßfreie Fahrt vorziehen?

Stellen Sie sich folgende Situation vor:

1. Es ist Abend, und Sie versuchen auf der Straße ein Taxi zu kriegen. Wie viele Taxis fahren vorbei, bevor eines hält?

2. Endlich! Erleichtert steigen Sie ein. Was sagen Sie als erstes zum Fahrer?

3. Was für ein Mensch ist er beziehungsweise sie? Beschreiben Sie die Person möglichst ausführlich.

4. Nachdem Sie ihm Ihr Ziel genannt haben, merken Sie, daß der Wagen in eine ganz andere Richtung fährt. Was tun Sie?

Hatten Sie eine angenehme Fahrt? Das Taxi repräsentiert eine zufällige sexuelle Begegnung, die - wie das Taxi - von einer anderen Person gesteuert wird. Ihre Fahrt im Taxi steht also für sexuelle Abläufe und Handlungen, auf die Sie nur bedingten Einfluß haben. Ihre Antworten offenbaren Ihre Einstellung und Bereitschaft zum Fremdgehen, zu Affären außerhalb Ihrer festen Partnerschaft.

1. Die Anzahl der vorbeifahrenden Taxis verrät, **wie hoch Ihre Bereitschaft zu einer Affäre ist.** Wer gleich beim ersten Versuch ein Taxi ergattert, ist äußerst anfällig für die Verlockungen eines Abenteuers. Je mehr Taxis vorbeifahren, ohne anzuhalten, desto geringer ist Ihre Neigung, dem Partner untreu zu werden. Sind zehn oder mehr Taxis vorbeigefahren, geht die Wahrscheinlichkeit, daß Sie einmal einen Seitensprung machen, gegen null.

2. **Ihre ersten Worte zum Fahrer erklären (vorgebliche) Gründe und Hintergründe für Ihr Abenteuer.**
»Puh, ist das kalt draußen.« – Sie empfinden Ihre feste Beziehung als zu kalt.
»Na, endlich.« – Sie haben schon länger auf so eine Gelegenheit gewartet.
»Diese Trottel sind alle vorbeigefahren.« – Sie ziehen die entsprechende Person anderen vor oder sind häufig abgewiesen worden.
Oder haben Sie vielleicht gesagt: »Los, machen Sie schnell«? – Dann sind Sie sehr offensiv, dabei aber auch sehr attraktiv.

3. **Der Fahrer ist** – wie könnte es anders sein – **der Typ Mensch, mit dem Sie gern eine Affäre eingehen würden. –** Ist er zuvorkommend und sanft, aber ein rasanter Fahrer? Oder ist er eher wortkarg und mürrisch oder schlicht und unkompliziert? Wie stellen Sie sich Ihren Lover vor?

4. **Ihre Reaktion auf die Richtungsänderung des Taxis illustriert Ihren Gemütszustand, nachdem Sie sich auf das Abenteuer eingelassen haben.** Dachten Sie: »Eigentlich habe ich gedacht, wir fahren anders«, wagten aber nicht, zu protestieren? Oder dachten Sie: »Irgendwie werde ich schon ankommen« und unternahmen nichts? Oder sagten Sie: »Ach, diese Route kannte ich noch gar nicht« und freuten sich, daß Sie mal einen neuen Weg kennenlernen konnten?
Vielleicht haben Sie ja auch sofort gerufen: »Stop, anhalten, ich steige aus!«?

Aufforderung *zum Tanz*

Zu welcher Art von Tanzveranstaltung würden Sie am liebsten gehen? In eine Disco, zu einem Tanztee, auf einen Maskenball oder einen klassischen Opernball? Finden Sie es nicht unterhaltsam, sich vorzustellen, wie Sie sich zurechtmachen und wie Sie aussehen werden?

Stellen Sie sich den festlichen Ball, den Sie heute abend besuchen werden, plastisch vor. Wie groß ist der Saal, wie elegant und prunkvoll sind Einrichtung und Dekoration, wie sind die anderen Gäste gekleidet? Sind Sie bereit?

1. Sie betreten den Ballsaal. Der Gastgeber hält eine Begrüßungsrede. Wer ist es? Nennen Sie einen Namen aus Ihrem Bekanntenkreis. (Sind Sie eine Frau, dann nennen Sie eine männliche Person und umgekehrt.)

2. Nach der Begrüßung ertönt das erste Musikstück. Um was für eine Musik handelt es sich?

3. Zwei Personen bitten Sie um den gleichen Tanz. Mit wem würden Sie zuerst tanzen? Und wer ist der/die zweite?

4. Plötzlich gehen alle Lichter aus, und es wird dunkel im Saal. Was geht Ihnen durch den Kopf?

Tanz ist ein Symbol für Sexualität. Ihre Reaktionen im Ballsaal verraten Ihre Vorlieben bei der Liebe.

1. **Sie betreten den Ballsaal. Der Gastgeber hält eine Begrüßungsrede. Wer ist es?** – Üblicherweise empfindet man Achtung für den/die Gastgeber/in, ein gemischtes Gefühl von Nähe und Distanz. Mit der von Ihnen genannten Person würden Sie durchaus ganz gern einmal schlafen. Was?! Das ist nicht wahr? Doch, doch, oder haben Sie gemogelt?

2. **Nach der Begrüßung ertönt das erste Musikstück. Um was für eine Musik handelt es sich?** – Die Art der Musik entspricht genau der Art von Sex, die Sie gerne hätten. War es ein Hard Rock? Oder eine sanfte, romantische Ballade? Eine Polka?

3. **Zwei Personen bitten Sie um den gleichen Tanz. Mit wem würden Sie zuerst tanzen? Und wer ist der/die zweite?** – Die Person, mit der Sie zuerst tanzen möchten, kommt sexuell mit Ihnen am besten aus. Die zweite Person ist jemand, mit der Sie es einmal probieren möchten. Wie wär's denn mal mit einer kleinen Affäre?

4. **Plötzlich gehen alle Lichter aus, und es wird dunkel im Saal. Was geht Ihnen durch den Kopf?** – Ihr Verhalten entspricht Ihrer Reaktion auf ein unmoralisches Angebot, Ihrer spontanen Antwort darauf, wenn Ihnen jemand sexuelle Avancen macht. Sagen Sie: »Also so was! Ich gehe nach Hause!« oder »Endlich, jetzt wird's gemütlich!« oder »O Gott, was soll ich bloß machen?«? Freuen Sie sich, oder haben Sie Angst? Was war Ihr erster Gedanke?

Auf dem Rücken *der Pferde...*

Galoppierende Pferde auf einer weiten grünen Wiese sind ein herrlicher Anblick. Man kann sich gar nicht satt sehen an ihren kraftvollen und harmonischen Bewegungen. Was für ein wunderbares Gefühl muß es sein, auf einem schönen Pferd durch eine weite Landschaft zu jagen. Zum Reiten braucht man Übung, trotzdem träumen viele Menschen davon.

Welches Pferd würden Sie am liebsten reiten, wenn Sie sich eines aussuchen dürften?

1. Ein starkes Pferd mit glänzendem Fell, das eine Menge Energie ausstrahlt.
2. Ein weniger kräftig gebautes Pferd, das aber ein feuriges Vollblut ist und über einen hervorragenden Stammbaum verfügt.
3. Ein gutmütiges Pferd mit einem freundlichen Gesicht.
4. Ein kluges Pferd mit einem vollendeten Körper.

Das Pferd ist ein Sexsymbol. Das Pferd, das Ihnen am attraktivsten erscheint, stellt in Wahrheit Sie selbst dar. Sie haben also verraten, was Sie – aus der Perspektive des anderen Geschlechts betrachtet – für Ihre Vorzüge halten. Allerdings bleibt dahingestellt, ob andere Ihre Ansicht auch wirklich teilen. Vorsicht!

1. **Ein starkes Pferd mit glänzendem Fell, das eine Menge Energie ausstrahlt.** – Sie sind sehr stolz auf Ihren Körper und glauben, Ihre gesunde Haut und gute Figur wirken attraktiv auf das andere Geschlecht. Sie sind sehr selbstbewußt. Lassen Sie sich nicht beirren.

2. **Ein weniger kräftig gebautes Pferd, das aber ein feuriges Vollblut ist und über einen hervorragenden Stammbaum verfügt.** – Sie bilden sich viel auf Ihre Herkunft ein. Sie sind gut erzogen und kultiviert. Sie haben keinen Zweifel, daß Sie elegant und souverän auftreten. Aber ob Sie tatsächlich elegant und kultiviert wirken, entscheiden andere – nicht Sie. Achten Sie darauf, daß Sie nicht arrogant wirken.

3. **Ein gutmütiges Pferd mit einem freundlichen Gesicht.** – Sie sind witzig, humorvoll und charmant. Sie halten Ihr ungezwungenes, scherzhaftes Auftreten für Ihren Trumpf. Aber übertreiben Sie nicht, Sie könnten sich unbeliebt machen. Achten Sie darauf, daß Ihre Witze nicht allzu gepfeffert ausfallen.

4. **Ein kluges Pferd mit einem vollendeten Körper.** – Ich bin klug und schön, heißt Ihre Devise. Je deutlicher Sie diese Überzeugung zur Schau tragen, desto unausstehlicher wirkt es. Falls Sie wirklich klug und schön sind, werden Ihre Mitmenschen das auch ohne Ihre PR-Maßnahmen erkennen. Etwas mehr Bescheidenheit könnte Ihnen nicht schaden.

Glück im *Spiel*

Im Spielcenter herrscht Hochbetrieb. Vom Kleinkind bis zum Erwachsenen, es findet sich für jeden etwas – das Kran-Spiel, Poker, Pferderennen, einarmige Banditen, Flipper usw.

Erwachsene Männer sind auf einmal ganz versessen auf ein Stofftier, obwohl sie normalerweise nicht das geringste Interesse an so etwas haben, und stehen, die Hände voller Spielmarken, grinsend wie die Honigkuchenpferde vor irgendwelchen Automaten. Wieder andere flattern wie Schmetterlinge von einem Glücksspiel zum nächsten. Oft bemerkt man voller Überraschung, wie eine Person, die man gut zu kennen glaubte, sich beim Spiel in einen völlig anderen Menschen verwandelt.

1. Sie befinden sich in einem Spielcenter. Als Sie sich an einem Automaten Spielmarken ziehen, spuckt er eine viel größere Anzahl aus, als Sie zu kaufen beabsichtigten. Wie reagieren Sie?

2. Wieviel Geld haben Sie heute für unvorhergesehene Vergnügungen ins Portemonnaie gesteckt?

3. Die Person am Automaten neben Ihnen hat eine Menge Jetons und schenkt Ihnen eine Handvoll. Wer ist die Person? (Wenn Sie eine Frau sind, nennen Sie den Namen eines Mannes und umgekehrt.)

4. Sie haben Ihr ganzes Geld verloren. Wie fühlen Sie sich, als Sie das Spielcenter verlassen?

Spielcenter ziehen so viele Menschen an, weil dort das Glück des Zufalls winkt. Gewinn und Verlust, Himmel und Hölle liegen dicht beieinander. Eigentlich ist die Ehe genauso ein Glücksspiel. Ob sie einen Treffer gelandet oder eine Niete gezogen haben, erfahren die meisten erst, wenn sie schon verheiratet sind.
Nehmen wir uns doch mal Ihre Vorstellungen von der Ehe vor.

1. **Ihre Reaktion auf das unerwartete Glück** weist auf Ihre Gefühle, wenn Ihnen jemand überraschend einen Heiratsantrag macht.
Beglückwünschen Sie sich und stecken alles in die Tasche? – Machen Sie sich das Leben nicht zu einfach?
Melden Sie den Irrtum der Geschäftsleitung? – Das bedeutet, Sie möchten lieber jemanden zu Rate ziehen.
Sie freuen sich, hätten aber lieber später Glück am Automaten gehabt. – Könnte es sein, daß Sie sehr vorsichtig sind?
Oder fürchten Sie, daß man Ihnen die Spielmarken wieder abnehmen wird? – Sie sollten nicht so pessimistisch sein.

2. **Der Betrag, den Sie für Vergnügungen eingeplant haben,** entspricht der Höhe des Taschengeldes pro Tag, das Sie Ihrem Partner zugestehen würden. 5 Euro? Sind Sie nicht ein bißchen knickrig? 25 Euro? Akzeptabel. 50 oder 100 Euro? Sie müssen sofort Millionär werden!

3. **Die Person, die Ihnen die Jetons geschenkt hat,** ist Ihr Retter in der Not. Das heißt, es handelt sich um einen Menschen, mit dem Sie auch nach Ihrer Heirat noch eine enge Freundschaft pflegen wollen. Aber vielleicht haben Sie ja auch Ihren augenblicklichen Partner genannt?

4. **Der Verlust Ihres ganzen Geldes** bedeutet, daß Sie im Glücksspiel »Ehe« verloren haben. So fühlen Sie sich nach der Scheidung. Denken Sie: Nie wieder! Wäre ich doch bloß nicht hergekommen! Glauben Sie, daß Sie doch immer nur Pech haben? Oder haben Sie etwa gar nichts anderes erwartet? Sind Sie überzeugt, beim nächsten Mal einen großen Gewinn zu erzielen? Oder akzeptieren Sie, daß man nicht immer gewinnen kann?

Sommerwind

Ganz allein an einem einsamen Strand von der Meeresbrise umspielt – klingt das nicht höchst romantisch? Aber ein sommerlicher Sandstrand ist nicht immer so schön, wie die Phantasie es uns vorgaukelt. Der Wind ist salzig-klebrig, die sonnenverbrannte Haut spannt, und Sand im Badeanzug scheuert unangenehm auf der Haut.

Sie machen Urlaub am Meer, liegen am Strand in der Sonne und dösen. Plötzlich schrecken Sie hoch, weil Sie merken, daß eine Ameise auf Ihnen krabbelt. Wo krabbelt sie hin? Machen Sie eine Zeichnung vom Weg der Ameise.

In der Psychologie stehen Meer und Mittagsschlaf für Erotik und Sexualität, Ameisen für den Reiz. Das heißt, daß Sie gerade die wichtigste erogene Zone Ihres Körpers gezeichnet haben. Wo ist sie denn?

Der *Lottogewinn*

Stellen Sie sich vor, Sie gewinnen überraschend 20 000 Euro. Was machen Sie damit?

1. Ich bringe das Geld auf die Bank, bis ich weiß, wofür ich es ausgeben möchte.

2. Es ist mir in den Schoß gefallen, also setze ich alles beim Pferderennen. Vielleicht gewinne ich ja noch mal das Doppelte!

3. Ich würde alles an einem Tag auf den Kopf hauen.

4. Keine Frage! Selbstverständlich würde ich mir von meinem Gewinn eine Reise ins Ausland gönnen und mich nach Herzenslust amüsieren.

Es heißt zwar, wer Glück im Spiel hat, hat Pech in der Liebe, aber nach einem überraschenden Lottogewinn schweben die Glücklichen doch genauso im siebten Himmel wie Verliebte. Geld und Liebe liegen gar nicht so weit auseinander. Ihre Reaktion auf Ihren Gewinn läßt daher auch Rückschlüsse auf die Art der Liebesbeziehung zu, die Sie sich am meisten wünschen.

1. **Ich bringe das Geld auf die Bank, bis ich weiß, wofür ich es ausgeben möchte.** – Sie sind eher ein Mauerblümchen-Typ. Könnte das daran liegen, daß Sie sehr solide und bedächtig sind? Hindert Ihre allzu große Vorsicht Sie eventuell daran, sich zu verlieben? Verpassen Sie nicht die Chance einer großen Liebe. Zu große Besonnenheit ist nicht immer ein Vorteil!

2. **Es ist mir in den Schoß gefallen, also setze ich alles beim Pferderennen.** – Sie sind ein echter Don Juan, der nie genug bekommen kann, und maßlos in Ihren Begierden. Sie kennen keine Grenzen, auch in der Liebe nicht. Auch der/die aufregendste Geliebte wird Sie nicht fesseln, denn Sie sind nie zufrieden mit dem, was sie haben, und schielen stets nach den Kirschen in Nachbars Garten.

3. **Ich würde alles an einem Tag auf den Kopf hauen.** – Sie sind ein sehr leidenschaftlicher Mensch, offenherzig und direkt. Auch in der Liebe sind List und Tücke Ihnen fremd. Sie überlegen nicht lange, sondern handeln impulsiv und emotional.

4. **Selbstverständlich würde ich mir von meinem Gewinn eine Weltreise gönnen und mich nach Herzenslust amüsieren.** – Sie sind ein Casanova-Typ, der es liebt, die große weite Welt kennenzulernen. Sie sind neugierig und allem aufgeschlossen und wirken gewiß auf andere Menschen sehr interessant. Doch manchmal ist Ihre Neugier so groß, daß Sie auch vor einer Person, die bereits in festen Händen ist, nicht haltmacht.

Hinter den *Kulissen*

Malen Sie sich folgende Szene aus: Ein Mann und eine Frau halten sich fest umschlungen und schauen einander tief in die Augen. Sie sind ganz allein. Versuchen Sie, sich eine passende Hintergrundkulisse für diese Szene vorzustellen. Was könnte das sein?

1. Eine menschenleere Ruine.
2. Ein hoher Turm.
3. Ein Hochhaus oder ein Wohnblock.
4. Ein Landhaus.

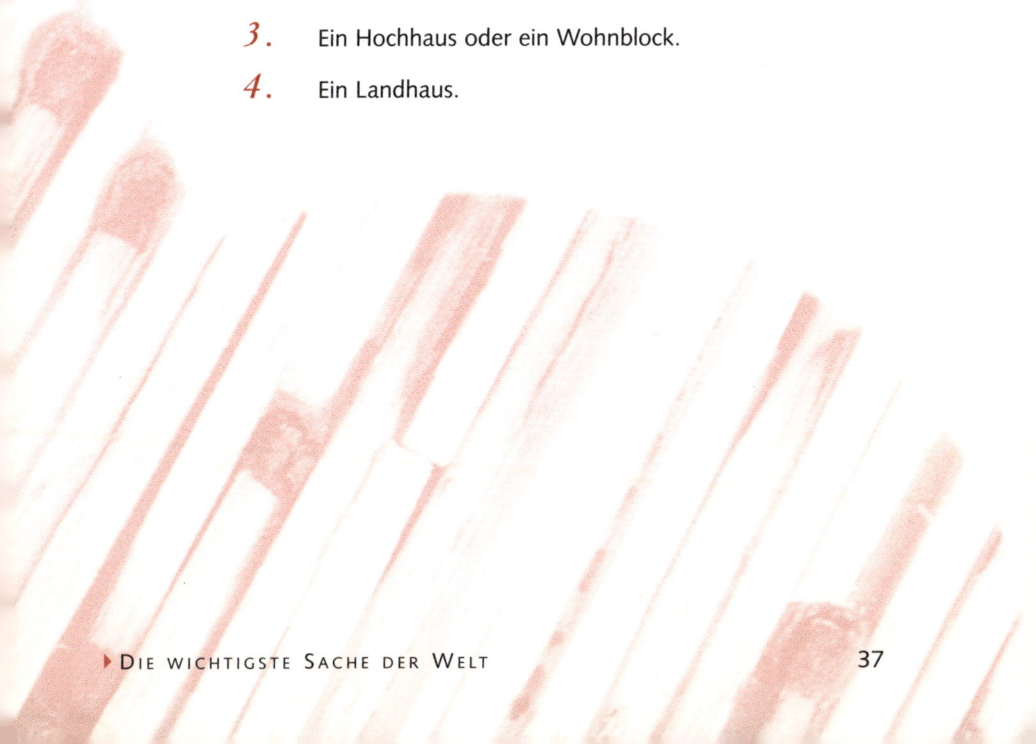

Das Liebespaar repräsentiert Ihre eigene Liebesbeziehung. Die Kulisse, die Sie sich vorgestellt haben, sagt Ihnen, wie Sie auf Ihren Partner wirken. Erkennen Sie sich selbst!

1. **Eine menschenleere Ruine.** – Sie träumen von einer romantischen Liebe und wünschen sich auch in Ihrer realen Beziehung Romantik. Sie machen einen bezaubernden, charmanten Eindruck, wirken aber gleichzeitig etwas unselbständig und unsicher, weil Sie am liebsten anderen die Entscheidung überlassen.

2. **Ein hoher Turm.** – Der Turm steht in der Psychologie für das Ziel oder ein hohes Ideal. Auch in der Liebe können Sie Ihren Mittelpunktswahn nicht vergessen und tendieren dazu, Ihren Partner zu vernachlässigen. Narzißmus ist eine Ihrer Schwächen. Versuchen Sie, Ihrem Partner genausoviel Aufmerksamkeit zu schenken wie sich selbst.

3. **Ein Hochhaus oder ein Wohnblock.** – Sie haben sich ein nichtssagendes, neutrales Gebäude vorgestellt. Sind Sie vielleicht etwas egozentrisch und nehmen zuwenig Rücksicht auf Ihren Partner? Sie sind ausgesprochen selbstsicher und neigen dazu, Ihre Mitmenschen von oben herab zu behandeln, was Ihnen bereits den Ruf eingetragen hat, selbstherrlich und arrogant zu sein. Denken Sie daran, daß nicht alle Menschen Sie mögen.

4. **Ein Landhaus.** – Ihre Wahl verrät den geheimen Wunsch, vor der Wirklichkeit zu fliehen, einfach davonzulaufen, wenn Ihnen etwas nicht paßt. Sie machen einen verschlossenen Eindruck. Durch Ihre Angst, nicht geliebt zu werden, verstärken Sie diesen Eindruck nur noch. Versuchen Sie, etwas lockerer zu sein.

Drachensteigen

Das Wetter kann sich von einer Minute auf die andere ändern. Ein strahlend blauer Himmel, der wie ein heiteres Lachen wirkt, kann sich binnen kurzem durch graue Wolken traurig verdüstern. Ein leise schluchzender oder gar laut heulender Wind kommt auf, und der Regen peitscht.

Kein Wunder, daß man dabei an die unberechenbaren Launen der Liebe denkt. Wie das Wetter ist auch sie kompliziert und wechselhaft. Wir wollen uns wieder in unsere Kindheit zurückversetzen und bei Wind und Wetter einen Drachen steigen lassen.

1. Sie haben endlich den Drachen bekommen, den Sie sich schon so lange gewünscht hatten. Wie sieht er aus, und was gefällt Ihnen an ihm besonders?

2. Der Drachen steigt problemlos in die Höhe. Was sagen Sie?

3. Plötzlich reißt die Schnur. Was geschieht mit dem Drachen?

4. Sie haben den Drachen auf dem Boden gefunden, aber er ist kaputt. Was machen Sie damit?

Der Umgang mit dem Drachen steht symbolhaft für Ihr Sexualleben.

1. **Der Drachen ist hier ein Symbol für das männliche Geschlechtsteil.** Wenn Sie eine Frau sind, haben Sie an dieser Stelle Ihren Idealtypus beschrieben. Sind Sie ein Mann, haben Sie vielleicht ein bißchen übertrieben?

2. **Die gleichen Worte flüstern oder rufen Sie im Bett Ihrem Partner zu.** Was sagten Sie denn? »Super, toll, höher, weiter«?

3. **Das Verhalten des Drachens, als die Schnur reißt, illustriert Ihre Empfindungen während des Orgasmus.** Haben Sie das Gefühl zu fliegen, abzustürzen, dahinzurasen oder in Stücke gerissen zu werden?

4. **Ihr Umgang mit dem abgestürzten Drachen zeigt, wie Sie Ihren Partner behandeln, wenn er Sie sexuell nicht befriedigt.** Was tun Sie mit dem Drachen? Versuchen Sie, ihn zu reparieren, damit Sie ihn wieder steigen lassen können? Verschenken Sie ihn? Oder werfen Sie ihn gleich weg? Sagen Sie womöglich: »Ab in den Sperrmüll!«?

Jahrmarkt *der Liebe*

Jeder von uns verspürt gelegentlich das Bedürfnis, seinem Alltagsstreß zu entkommen und sich einfach nur zu amüsieren. Da ist doch ein Besuch mit Freund oder Freundin auf dem Rummelplatz genau das Richtige. Was würde Sie dort als erstes reizen?

1. Eine Achterbahnfahrt.
2. Das Karussell.
3. Der Schießstand.
4. Die Würstchenbude.

Ihre Wahl verrät, welche Art von Liebesbeziehung Sie sich wünschen.

1. **Achterbahn.** – Sie sind auf der Suche nach einer leidenschaftlichen Affäre, die Ihnen Spannung, Abenteuer und heftige Gefühle bietet. Heimliche Rendezvous, feurige Schwüre, verzehrende Eifersucht, das alles gehört für Sie dazu. Vielleicht wünschen Sie sich sogar insgeheim eine dramatische Trennung?

2. **Karussell.** – Sie sehnen sich nach einer romantischen Liebe. Sie identifizieren sich mit den Helden oder Heldinnen aus Liebesromanen und glauben, daß diese Dinge auch in Wirklichkeit geschehen. Die Wahrscheinlichkeit, daß Ihre Träume wahr werden, ist vielleicht nicht sonderlich groß, aber Sie hätten die Erfüllung Ihrer geheimsten Wünsche verdient!

3. **Schießstand.** – Im Grunde sind Sie eine Kämpfernatur. »Im Krieg und in der Liebe ist alles erlaubt«, das ist Ihr Motto. Eine Niederlage kommt für Sie nicht in Frage, wo Sie doch schon mit einem Unentschieden nicht glücklich werden können. Sie sind der Typ, der bis zum bitteren Ende darum kämpft, die Oberhand zu behalten.

4. **Würstchenbude.** – Sie gönnen sich erst mal eine Ruhepause und eine Stärkung, ehe Sie sich ins Vergnügen stürzen. Ihr Ideal wäre eine verständnisvolle, freundschaftliche Partnerschaft. Sie möchten den anderen kennenlernen, ohne dabei etwas zu überstürzen. Je besser Sie Ihren Partner verstehen, desto erfüllter fühlen Sie sich. Ein liebevolle und besonnene Beziehung entspricht Ihren Wünschen am meisten.

Zoologie

Als Sie ein Kind waren, haben Ihre Eltern Sie bestimmt öfter in den Zoo mitgenommen. Inzwischen gehen Sie lieber mit Ihrem Freund bzw. Ihrer Freundin dorthin.

Wieder einmal steht ein Zoobesuch auf dem Programm. Normalerweise sind die Tiere natürlich in ihren Käfigen, aber heute hat Ihnen der Zoodirektor eine Sondergenehmigung erteilt, und Sie dürfen mit ihnen spielen. Es versteht sich von selbst, daß sie Ihnen nichts tun werden. Sie können sogar wilde Tiere streicheln und mit ihnen spielen. Welches suchen Sie sich aus?

1. Löwe.
2. Giraffe.
3. Lamm.
4. Schlange.

Welches Tier haben Sie gewählt? Ihre Wahl sagt Ihnen etwas über Ihre sexuellen Vorlieben und Ihre Libido.

1. **Der Löwe** ist ein Raubtier, das bedeutet, Sie verfügen über starke sexuelle Energien. Sie sind ziemlich ungehemmt und nicht leicht zu zügeln. Sie haben ein lust- und genußvolles Verhältnis zur Sexualität und ein gewisses Etwas, das das andere Geschlecht wie magisch anzieht.

2. **Die Giraffe** ist ein Pflanzenfresser. Ihre Libido ist ebenfalls stark ausgeprägt, aber Ihnen liegt mindestens genauso viel an Wärme und Zärtlichkeit. Sex ist Ihnen zwar wichtig, aber Sex ohne Liebe ist nicht das, was Sie sich wünschen. Sie haben eine liebevolle Einstellung zum Sex.

3. Sie haben **das Lamm**, ein domestiziertes Tier, gewählt, das bedeutet, Sie sind ausgezeichnet in der Lage, Ihre Libido im Zaum zu halten. Das heißt keinesfalls, daß Sie triebschwach wären, aber meist gibt Ihnen Ihr Verstand vor, wie Ihre sexuellen Beziehungen auszusehen haben.

4. Die Wahl der **Schlange** deutet auf eine äußerst ausgeprägte Libido hin. Wenn Sie einmal Feuer gefangen haben, können Sie sehr hartnäckig sein, und es fällt Ihnen schwer, die hell auflodernden Flammen unter Kontrolle zu bringen. Ihre knisternde sexuelle Energie und Potenz ist unbändig. Es könnte schwierig für Sie sein, einen entsprechenden Partner zu finden ...

In der *Anprobekabine*

Stellen Sie sich vor, Sie möchten mal wieder ein Paar neue Jeans kaufen. In einem schicken Designer-Store haben Sie gerade ein Modell entdeckt, das Ihnen ausnehmend gut gefällt, und probieren es an. Aber o Schreck – Sie kriegen den obersten Knopf nicht zu, obwohl die Hose eigentlich die richtige Größe hat. Was ist Ihr erster Gedanke?

Eine unangenehme Überraschung. Die Größe stimmt, also müßte die Hose eigentlich passen. Sie überlegen, ob dieses Modell besonders eng geschnitten ist oder ob Sie zugenommen haben ...

Ihre Gedanken erlauben Rückschlüsse auf Ihre Reaktion, wenn Sie erfahren, daß Ihr Partner sich von Ihnen trennen möchte.

Was war denn nun Ihr erster Gedanke?

Haben Sie überlegt, ob die Verantwortung bei Ihnen selbst liegen könnte? – Zuviel Schokolade gefuttert? Nur vor dem Fernseher gehockt?
Haben Sie sich gefragt, warum Sie so lange nichts von den Veränderungen bemerkt haben?
Gaben Sie anderen die Schuld? Etwa: Die blöde Firma hat die Größen geändert! Oder: Man kommt ja auch nicht dazu, etwas für sich zu tun, bei der vielen Hausarbeit!

Wenn Ihnen etwas daran liegt, einen Status quo zu bewahren, sollten Sie sich ernsthaft darum bemühen – sowohl was Ihre Partnerschaft als auch Ihre Figur angeht.

Partytime

Sie haben ein leckeres, buntes Büfett – Salate und Häppchen – vorbereitet, tolle Weine eingekauft und eine Menge Freunde eingeladen, auch einige, die Sie schon länger nicht gesehen haben. Sie dekorieren die Wohnung ein bißchen und wählen gute Musik aus.

Damit Ihre Gäste sich wohl fühlen, Spaß haben und ganz wie in alten Zeiten mal wieder bis zum Morgengrauen reden, lachen und tanzen können, haben Sie sich große Mühe gegeben ... Alles ist fertig, die Party kann steigen.

Nennen Sie bei Ihrer Antwort jeweils einen Namen aus dem anderen Geschlecht.

1. Wer kommt als erster?
2. Immer mehr Partygäste treffen ein. Jemand bringt Ihnen ein Geschenk mit. Wer?
3. Es herrscht gute Stimmung. Eine Person erregt Ihre Aufmerksamkeit, indem sie geräuschvoll durch die Wohnung stampft. Wer ist es?
4. Auf einmal klingelt es an der Tür. Ein verspäteter Gast trifft ein und bringt Austern und Champagner mit. Wer?

Ist Ihnen zu jeder Situation ein Name eingefallen? Gleich werden Sie erfahren, wie Sie in Wirklichkeit zu diesen Personen stehen.

1. Als Gastgeber empfindet man jemanden, der überpünktlich kommt, als etwas steif. **Ihr Verhältnis zu dieser Person ist nicht völlig entspannt.** Eigentlich möchten Sie sie auf Distanz halten.

2. Ein Geschenk vermittelt das Gefühl, daß der Überbringer quasi einen Eintritt oder eine Gegenleistung entrichtet. **Sie halten diese Person für leicht manipulierbar und neigen sogar dazu, sie auszunutzen.**

3. **An der Person, die laut herumstampft, haben Sie ein sexuelles Interesse.** Vielleicht träumen Sie sogar davon, mit ihr zu schlafen.

4. **Champagner und Austern stehen symbolisch für sinnliche Begierde.** Haben Sie sie begeistert entgegengenommen, oder waren Sie eher etwas irritiert? In jedem Fall handelt es sich bei dem Überbringer um eine Person, die Sie, wenn sich die Gelegenheit ergäbe, nicht von der Bettkante schubsen würden.

Wunschdenken

Vorfreude ist die schönste Freude, heißt es. In der Tat spielt sie in unseren Phantasien um ein Objekt der Begierde eine nicht unerhebliche Rolle. In allen Einzelheiten malen wir uns aus, wie man das Begehrte erlangen könnte und wie es sein wird, wenn der langgehegte Wunsch endlich erfüllt ist.

Dennoch kann es wohl keine größere Freude geben, als das Langersehnte in Händen zu halten.

Stellen Sie sich vor, daß Sie heute endlich das weiße Kätzchen bekommen haben, das Sie sich schon so lange gewünscht hatten. Was tun Sie zuerst?

1. Sie bürsten und streicheln sein weiches Fell.
2. Sie geben ihm sein Freßchen.
3. Sie machen ihm ein Körbchen zurecht.
4. Sie bringen ihm bei, die Katzentoilette zu benutzen.

Was Sie für das Kätzchen tun wollen, ist das, was Sie selbst von anderen – besonders von Ihrem Partner – erwarten.

1. **Sie bürsten und streicheln sein weiches Fell.** – Im Grunde träumen Sie vom Dolce vita. Am liebsten würden Sie sich reich verheiraten, elegante Kleider kaufen und viel Zeit beim Friseur oder im Fitneßstudio verbringen. Sie sind fest überzeugt, daß Sie Ihren Partner mit Ihrer Schönheit glücklich machen können.

2. **Sie geben ihm sein Freßchen.** – Ihnen steht der Sinn nach Leckereien. Ihr Hang zum Schlemmen wird Ihnen auch in der Partnerschaft erhalten bleiben. Allerdings wollen Sie sich nur ungern die Mühe machen, all diese Schleckereien zuzubereiten, sondern wünschen sich vor allem, daß Ihr Partner Sie füttert und verwöhnt.

3. **Sie machen ihm ein Körbchen zurecht.** – Ihr größter Wunsch ist ein komfortables Heim. Sie träumen häufig davon, sich in einem eigenen Haus mit schönem Garten oder einem Luxusapartment genüßlich auf der Couch zu räkeln. Vergessen Sie dabei jedoch nicht, daß ein schönes Haus oder eine luxuriöse Wohnung auch die entsprechende Pflege brauchen.

4. **Sie bringen ihm bei, die Katzentoilette zu benutzen.** – Das Wichtigste in einer Partnerschaft ist für Sie sensationeller Sex. Ihre größte Sehnsucht besteht darin, die Wärme Ihres Partners auf Ihrer Haut zu spüren. Sie finden auch gar nichts dabei, hin und wieder einen ganzen Tag im Bett zu verbringen. Dazu brauchen Sie allerdings einen Gleichgesinnten ...

Wenn einer eine *Reise tut...*

... dann kann er viel erleben, heißt es. Wer würde das bestreiten? Schon die Luft in einer fremden Stadt kann aufregend sein, gar nicht zu reden von den Begegnungen mit unbekannten Menschen. Doch eine Reise hat immer auch entspannende, erholsame Seiten.

Reisen Sie mit Freunden, lernen Sie vielleicht bis dahin verborgene attraktive Seiten an ihnen kennen. Für Verliebte kann eine gemeinsame Reise den Himmel auf Erden bedeuten.

Und wenn Sie ganz allein unterwegs sind, können Sie frei über Ihre Zeit verfügen und ganz ungestört Ihren Interessen nachgehen. Möglicherweise kommen Sie sogar endlich mit sich selbst ins reine.

Würden Sie gern in aller Ruhe mit dem Zug fahren? Oder lieber in einem Rutsch mit dem Flugzeug an Ihrem Reiseziel landen?

Versetzen Sie sich in folgende Lage:

1. Sie sind gerade vor Ihrem Hotel angekommen. Als Sie eintreten wollen, kommt Ihnen eine Frau mittleren Alters entgegen, und Sie stoßen beinahe mit ihr zusammen. Was sagt die Frau?

2. Sie wollten in die hoteleigene Sauna gehen, haben aber nicht damit gerechnet, daß es sich um eine gemischte Sauna handelt. Wie reagieren Sie, als Ihnen plötzlich ein unbekleideter Mann bzw. eine unbekleidete Frau gegenübersteht?

3. Im Flur begegnen Sie einer Frau mit einer bandagierten Hand. Ein Tier habe sie gebissen, erzählt sie. Was glauben Sie, was für ein Tier das war? Ziehen Sie in Ruhe mehrere Tiere in Betracht, und entscheiden Sie sich dann. Beschreiben Sie es ausführlich.

4. Als Sie morgens abreisen wollen, fängt es plötzlich an zu regnen. Sie haben keinen Schirm dabei. Was geht Ihnen durch den Kopf?

Eine Reise bietet die Gelegenheit, sich selbst einmal in fremder Umgebung und dadurch mit größerer Distanz und objektiver zu beobachten. Schauen wir doch einmal, was Ihre Antworten ergeben haben.

1. Die Worte der Frau **entsprechen Ihrer Reaktion auf einen Rivalen in einer Dreiecksbeziehung.** Sagte Sie kämpferisch: »Aus dem Weg!« oder »Passen Sie doch auf!«? Oder war es ein kleinlautes »Entschuldigung«? Oder etwa ein munteres »Hoppla«? Oder warf Sie Ihnen nur einen drohenden Blick zu, bevor sie Sie mit hoch erhobenem Kopf stehenließ?

2. Ihre Äußerung beim Anblick Ihres nackten Gegenübers entspricht **Ihrer Reaktion, wenn man Sie bei einer Lüge ertappt.** Sind Sie imstande, sich aufrichtig zu entschuldigen und Ihren Fehler einzugestehen? Oder wälzen Sie die Verantwortung ab, indem Sie sagen: »Das konnte ich ja schließlich nicht wissen!«?

3. Das Tier, das die Frau in die Hand gebissen hat, **entspricht dem ersten Eindruck, den ein Rivale von Ihnen haben könnte.** War es ein frecher Affe, ein aggressiver Hund, eine hinterhältige Katze, eine gefräßige Ratte, ein mürrischer Hamster, ein schlechtgelaunter Papagei, eine falsche Schlange oder nur ein ängstliches Mäuschen?

4. Ihre Gedanken beim Anblick des Regens entsprechen **Ihrem Seelenzustand, wenn Sie von Ihrem Partner verlassen werden.** Sind Sie traurig und denken: »Das hört so schnell nicht mehr auf« oder »Das kann auch nur mir passieren«? Sind Sie entnervt und verzweifelt, oder warten Sie in aller Ruhe ab, bis der Regen nachläßt?

Charakter und *Charisma*

Zugeknöpft?

Worauf achten Sie beim Kauf Ihrer Garderobe am meisten? Farbe, Muster oder Schnitt?

Nehmen Sie Ihr Lieblingshemd aus dem Schrank, und stellen Sie sich vor, Sie hätten es an. Fertig? Richten Sie Ihr Augenmerk auf die Knöpfe.

Wie viele Knöpfe hat das Hemd, und wie viele davon haben Sie offengelassen?

1. Es hat mehr als fünf Knöpfe, und ich habe alle zugeknöpft.

2. Es hat ein bis drei Knöpfe. Alle sind zu.

3. Es ist zum Durchknöpfen, und ich habe den obersten Knopf bzw. die beiden obersten Knöpfe offengelassen.

4. Es hat überhaupt keine Knöpfe.

Sie haben es wahrscheinlich nach anderen Gesichtspunkten ausgewählt, aber die Anzahl der Knöpfe an Ihrem Lieblingshemd gewährt eine überraschende psychologische Einsicht: Die Knöpfe offenbaren Ihr Verhältnis zum Geld.

1. **Es hat mehr als fünf Knöpfe, und ich habe alle zugeknöpft.** – Ihr Umgang mit Geld ist äußerst kontrolliert. Sie geben niemals Geld für überflüssige Dinge aus, Sie verleihen kein Geld, und Ihre Ersparnisse rühren Sie erst recht nicht an. Sehr konsequent, auch wenn einige Sie vielleicht für geizig halten. Kümmern Sie sich nicht um die Lästermäuler, und gehen Sie Ihren Weg.

2. **Es hat ein bis drei Knöpfe. Alle sind zu.** – Sie haben ein ganz normales Verhältnis zum Geld. Sie geben es zwar auch für Vergnügungen aus, aber Sie übertreiben es nicht. Sie sind nicht süchtig nach Geld, und der Sklave Ihres Geldes sind Sie auch nicht.

3. **Es ist zum Durchknöpfen, und ich habe den obersten Knopf bzw. die beiden obersten Knöpfe offengelassen.** – Sie gehen sehr bewußt mit Geld um, und wenn es um etwas Sinnvolles geht, setzen Sie sich auch kein Limit. Dafür leben Sie sonst bescheiden und führen Buch über Ihre täglichen Ausgaben. Sie haben die Fähigkeit, vernünftig hauszuhalten.

4. **Es hat überhaupt keine Knöpfe.** – Für Sie ist Geld grundsätzlich zum Ausgeben da und keineswegs zum Sparen. Sie machen sich selbst und anderen gern Geschenke und sind auch sehr spendabel. Sie denken nicht im Traum daran, Geld für die Zukunft zurückzulegen. In finanziellen Dinge sind Sie eine echte Grille. Geld auf dem Konto zu lassen kommt Ihnen irgendwie absurd vor.

Was die sieben Zwerge *nicht sagten*

Es gibt wohl niemanden, der die wichtigsten Nebendarsteller im Märchen von Schneewittchen nicht kennt.

Aber wie mag es den sieben Zwergen ergangen sein, nachdem ihr geliebtes Schneewittchen den Prinzen geheiratet hatte? Für die beiden hatte das Märchen ein Happy-End. Aber was hielten die Zwerge davon? Was ging in den sieben Zwergen vor, als Schneewittchen Abschied von ihnen nahm?

Bitte überlegen Sie sich einen Gedanken für jeden der sieben Zwerge und notieren Sie diese auf einem Blatt Papier.

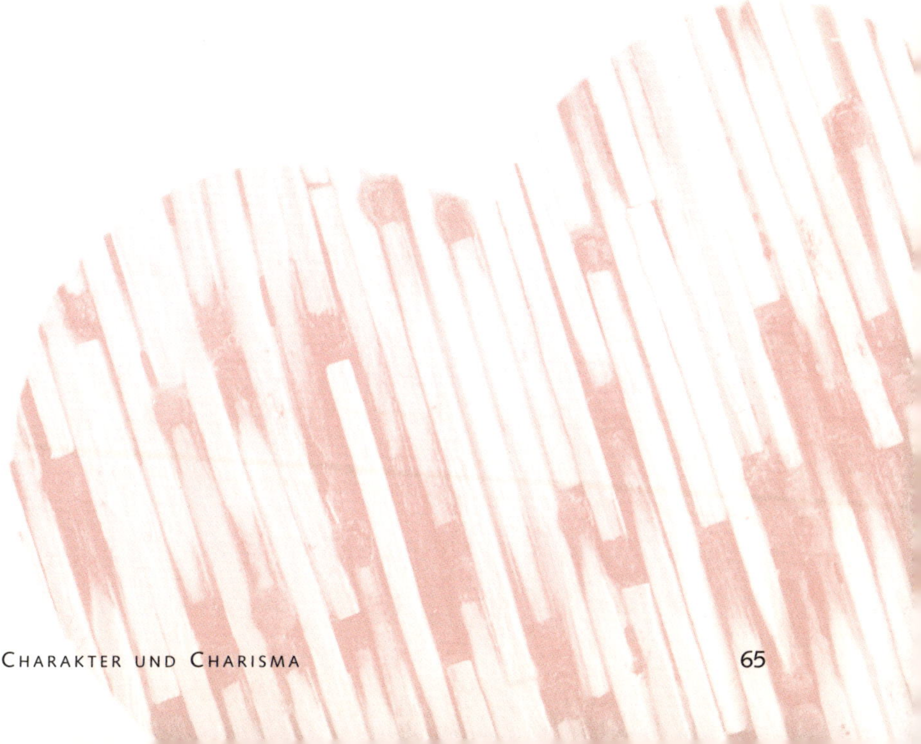

In Ihnen stecken viele verschiedene Seiten. Die sieben Gedanken, die Ihnen eingefallen sind, sind samt und sonders Äußerungen Ihres eigenen Charakters. Bemühen Sie sich, die unterschiedlichen Facetten Ihrer Persönlichkeit zu durchschauen.

Zum Beispiel:
»**Werde glücklich!**«: Sie haben die Fähigkeit, sich mit anderen zu freuen.
»**Hoffentlich kann sie sich überhaupt an das Leben im Schloß gewöhnen.**«: Sie neigen zur Skepsis.
»**Jeder muß seinen eigenen Weg gehen.**«: Sie sind rational.
»**Ach, hätte ich doch auch mal soviel Glück.**«: Sind Sie etwa neidisch?
»**Typisch, Schneewittchen denkt nur an sich.**«: Sie neigen zur Hitzköpfigkeit.
»**Ob wir uns wohl jemals wiedersehen?**«: Sie sind nicht gern allein und leicht niedergeschlagen.
»**Wenn das mal gutgeht!**«: Sind Sie immer so pessimistisch?

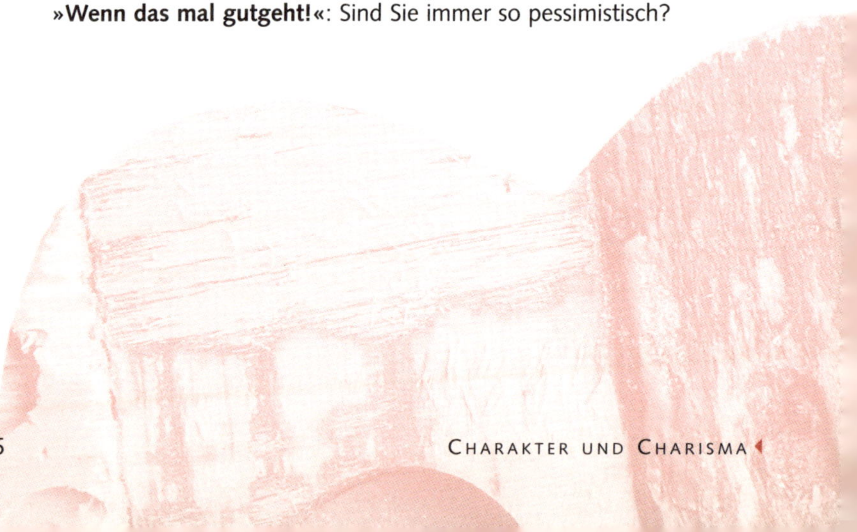

Geheime *Wünsche*

Stellen Sie sich vor, Sie wachen eines Morgens als Käfer auf. Haben Sie zufällig Kafkas Verwandlung gelesen? Eine grauenhafte Vorstellung, nicht wahr? Sicher, es handelt sich dabei um eine Fiktion, aber wer weiß ...?

Natürlich wäre es gräßlich, so mir nichts, dir nichts in ein anderes Wesen verwandelt zu werden. Aber wenn Sie sich eine Figur aussuchen dürften, würden Sie da nicht gerne mal einen Versuch wagen?

In welche der folgenden Rollen würden Sie am liebsten schlüpfen? Suchen Sie sich eine aus!

1. Ich möchte mich in ein Ungeheuer verwandeln und eine Stadt zerstören.
2. Am liebsten würde ich als Geist meine Freunde überraschen.
3. Ich wäre gern ein Meisterdieb, der sich alles klauen kann, was er will.
4. Es würde mich reizen, unsichtbar zu sein und heimlich die Tagebücher meiner Freunde zu lesen.

Schaltet man sein Alltagsbewußtsein einmal aus, kann man einige verborgene Seiten an sich entdecken. Ungeheuer, Geist, Dieb oder unsichtbar – Ihre Wahl offenbart geheime Bedürfnisse.

1. **Ich möchte mich in ein Ungeheuer verwandeln und eine Stadt zerstören.** – Sie wollen die Realität zerstören. Vermutlich sind Sie sehr unzufrieden. Sie ärgern sich nicht nur über sich selbst, sondern die ganze Welt ist Ihnen zuwider. Sie haben soviel Energie, daß Sie eine ganze Stadt zerstören könnten. Warum setzen Sie diese Energie nicht konstruktiv ein? Wenn überhaupt jemand für andere Menschen und die Welt etwas Großes vollbringen kann, dann sind Sie es.

2. **Am liebsten würde ich als Geist meine Freunde überraschen.** – Sie würden andere gern erschrecken und überraschen. Es könnte sein, daß Sie ein bißchen frustriert sind, weil Sie bisher nicht die Chance erhalten haben, Ideen in die Tat umzusetzen, die Sie im Kopf haben. Und das sind nicht wenige. Ihre Fähigkeiten würden nicht nur Ihre Freunde und Bekannten, sondern auch andere Menschen in Staunen versetzen. Bedenken Sie, daß Gelegenheiten sich meist nicht von allein ergeben. Man muß sie aufspüren! Trauen Sie sich, Sie werden staunen, wieviel Kraft in Ihnen steckt.

3. **Ich wäre gern ein Meisterdieb, der sich alles klauen kann, was er will.** – Sie möchten sich nach Herzenslust selbst bedienen. Aber der Wunsch, sich als Meisterdieb alles zusammenzuklauen, geht doch ein bißchen zu weit. Immerhin sind Sie ein sehr neugieriger Mensch. Sie finden so ziemlich alles interessant und würden alles gern besitzen. Es ist eine gute Sache, vielseitige Interessen zu haben, aber man kann nicht auf allen Gebieten Meister sein. Überlegen Sie einmal genau, was Sie eigentlich machen möchten, und konzentrieren Sie sich auf ein paar wesentliche Dinge, an denen Ihnen wirklich etwas liegt.

4. **Es würde mich reizen, unsichtbar zu sein und heimlich die Tagebücher meiner Freunde zu lesen.** – Sie wünschen sich, in die Seele anderer Menschen zu schauen. Ihr Innenleben interessiert Sie. Mehr oder weniger hat natürlich jeder diesen Wunsch, aber bei Ihnen scheint er besonders ausgeprägt zu sein. Andererseits wäre das Leben nur halb so interessant, wenn man alles wüßte, was in anderen vorgeht. Ist Ihnen wirklich daran gelegen, Ihre Mitmenschen besser zu verstehen, sollten Sie Ihre Beobachtungsgabe schärfen. Machen Sie mehr Spiele wie dieses, und Sie werden dem Geheimnis der menschlichen Seele leichter auf die Spur kommen.

Eine junge Frau mit *traurigen Augen*

Menschen müssen häufig leiden. Vor allem junge Leute haben oft Kummer. Es gibt vieles auf dieser Welt, Belangloses und Wichtiges, das uns Sorgen bereiten kann.

Vor uns sehen wir eine junge Frau. Auf den ersten Blick wirkt sie unbeschwert, aber dennoch hat sie einen geheimen Kummer. Was könnte Sie bedrücken?

1. Liebeskummer.
2. Gewichtsprobleme.
3. Streit im Freundeskreis.
4. Sie ist in eine Straftat verwickelt.

Kummer kann viele Ursachen haben. Was fiel Ihnen spontan ein, als Sie das Wort »Kummer« lasen? Ihre Antwort gibt Aufschluß darüber, ob Sie dazu neigen, andere mit Ihren Problemen zu belasten und Ihnen unwissentlich Sorgen zu bereiten. Für welche Antwort haben Sie sich entschieden? Denken Sie einmal darüber nach.

1. **Liebeskummer.** – Sie sind ein ausgesprochen umgänglicher, unkomplizierter Mensch.
   Beziehungsprobleme können für die Betroffenen gewiß sehr belastend sein. Gleichzeitig weiß man, daß nur sie selbst sie lösen können. Oft hilft es schon, sich bei seinen Mitmenschen ein bißchen auszujammern.
   Sie belasten Ihre Umgebung nur selten mit Ihren Problemen.

2. **Gewichtsprobleme.** – Sie neigen hin und wieder dazu, Ihren Mitmenschen auf die Nerven zu fallen, da Sie sich selbst äußerst wichtig nehmen. Daraus ergeben sich zuweilen Konflikte, weil Sie sich nicht ernst genommen fühlen. Andererseits wissen Sie genau, daß Sie selbst für das entstandene Problem verantwortlich sind, und geben sich in der Regel auch Mühe, es zu lösen.

3. **Streit im Freundeskreis.** – Sie sind ein Querulant, wie er im Buche steht. Außerdem tendieren Sie stets dazu, anderen die Schuld in die Schuhe zu schieben. Wer ständig auf der eigenen Unschuld und der Verantwortlichkeit der anderen herumhackt, verursacht seiner Umgebung großen Streß, der dann wieder neue Probleme provoziert. Es könnte nicht schaden, wenn Sie einmal selbst Verantwortung übernähmen und zu Ihren eigenen Fehlern stünden.

4. **Sie ist in eine Straftat verwickelt.** – In Ihnen steckt eine Menge Streßpotential, obwohl Sie selbst davon überzeugt sind, der unproblematischste Mensch auf der Welt zu sein. In gewisser Weise stimmt das sogar, denn Sie regen sich nicht groß auf, wenn etwas schiefläuft. Das kann aber auch ein Indiz dafür sein, daß Sie gar nicht merken, wenn Sie selbst Urheber eines Problems sind. Ihre Distanz zur Ursache des Problems – Sie tun häufig so, als hätten Sie damit nichts zu tun – verunsichert die Menschen um Sie herum. Vergessen Sie nicht, daß auch Sie Teil des Konflikts sind.

Hello *Dolly*

Dolly ist das berühmteste Schaf der Welt. Lange Zeit gehörte das Klonen in den Bereich der Science-fiction, doch heute ist alles möglich geworden.

Stellen Sie sich also vor, Sie hätten eines Tages die Möglichkeit, sich selbst zu klonen. Ihr Klon sieht zwar haargenau aus wie Sie, aber sein Charakter ist irgendwie sonderbar. Was stimmt nicht?

Sie haben es erraten – das geklonte Wesen ist niemand anderes als Sie selbst, und seine Eigentümlichkeiten sind Ihre eigenen Verschrobenheiten, die Sie sich nicht eingestehen wollen.

Betrachten Sie sich aus der Perspektive eines Wissenschaftlers, um einen objektiveren Blick auf Ihren Charakter zu werfen und unbekannte Züge darin zu entdecken.

Was für ein Mensch sind Sie? Erkennen Sie sich selbst.

Faszinierende *Beine*

Bei einer Weltmeisterschaft dabeizusein ist der Traum eines jeden Fußballers. Seine Fans fiebern mit ihm. Die Hände werden feucht, die Schreie lauter, der Favorit wird mit aller Hingabe angefeuert. Vielleicht haben Sie auch eine Lieblingsmannschaft oder einen Lieblingsspieler? Und sind mit Leib und Seele dabei, wenn es um den begehrten Pokal geht?

Die Fans sind vor einem entscheidenden Spiel meist fast genauso aufgeregt und nervös wie die Spieler. Stellen Sie sich vor, Sie sind ein Fußballfan, der sich gerade ein wichtiges Spiel anschaut.

1. Sie sehen die Live-Übertragung des Spiels im Fernsehen. Leider ist Ihre Mannschaft in den Rückstand geraten. Was rufen Sie ganz spontan?

2. Ihr Lieblingsspieler hat eine rote Karte bekommen und muß das Spielfeld verlassen. Was für ein Gesicht macht der Schiedsrichter? Zeichnen Sie es.

3. Das Spiel ist aus. Ihre Mannschaft hat verloren. Welche Gefühle bewegen Sie?

4. Angenommen, Sie wären Fußballer und dürften mitspielen. Welche Position würden Sie vorziehen: Stürmer, Verteidiger, Mittelfeldspieler oder Torwart? Nennen Sie Ihre Gründe.

Als Mannschaftsspiel erfordert Fußball eine erhebliches Maß an Teamgeist und Kooperationsbereitschaft. Ihre Einstellung zu diesem Sport spiegelt Ihr Verhalten in zwischenmenschlichen Situationen wider, in denen die genannten Eigenschaften unerläßlich sind. Die Rolle des Zuschauers ermöglicht einen objektiveren Blick.

1. So wie Sie auf die mißliche Lage Ihrer Mannschaft reagieren, **verhalten Sie sich auch bei Auseinandersetzungen mit Ihrem Umfeld.** Haben Sie Ihre Mannschaft angefeuert und zum Durchhalten ermutigt? Oder haben Sie sie als »Versager!« beschimpft? Vielleicht haben Sie auch die gegnerische Mannschaft mit Kraftausdrücken bedacht?

2. Das Gesicht des Schiedsrichters **ist Ihr eigenes Gesicht, das Sie im Streit zeigen.** Ist der Ausdruck gefaßt und beherrscht? Oder wirkt er schüchtern und zurückhaltend? Jähzornig? Herablassend? Achten Sie auf Ihr Gesicht! Es ist der Spiegel Ihres Inneren.

3. Ihre Reaktion auf die Niederlage Ihrer Mannschaft zeigt, **wie Sie sich verhalten, wenn Sie sich nicht durchsetzen können.** Jammern Sie noch lange über den Mißerfolg, oder finden Sie sich schnell damit ab? Äußern Sie sich sogar positiv und sagen: »Immerhin haben sie ihr Bestes gegeben«?

4. Ihre Position auf dem Spielfeld **offenbart Eigenschaften, die Ihnen fehlen.** Stürmer: Es mangelt Ihnen an einer offensiven und aggressiven Haltung. Verteidiger: Ihnen fehlen Bescheidenheit und Beharrlichkeit. Mittelfeldspieler: Ihnen gehen Weitsichtigkeit und Flexibilität ab. Torwart: Bei Ihnen sind Ausdauer und Beständigkeit Mangelware.

Wenn ich ein *Vöglein wär ...*

Wir Menschen beherrschen den aufrechten Gang, haben geschickte Hände, und unser Gehirn versetzt uns in die Lage, uns mittels einer ausgeklügelten Sprache über komplizierteste Sachverhalte zu verständigen. Ein großzügiger Gott hat uns mit Fähigkeiten ausgestattet, die andere Tiere nicht besitzen. Bloß Flügel hat er dem Menschen nicht gegeben, und so sehnen wir uns seit unendlichen Zeiten danach, frei die Lüfte zu durchstreifen und die Welt von oben zu sehen ...

Stellen Sie sich vor, Sie wären ein Vogel. Was würden Sie tun? Fliegen Sie herum? Sitzen Sie auf einem Baum? Sind Sie allein oder mit anderen Vögeln zusammen? Bauen Sie ein Nest? Picken Sie Körner, oder zerren Sie an einem Wurm?

Zeichnen Sie ein Bild, und erklären Sie, was darauf zu sehen ist.

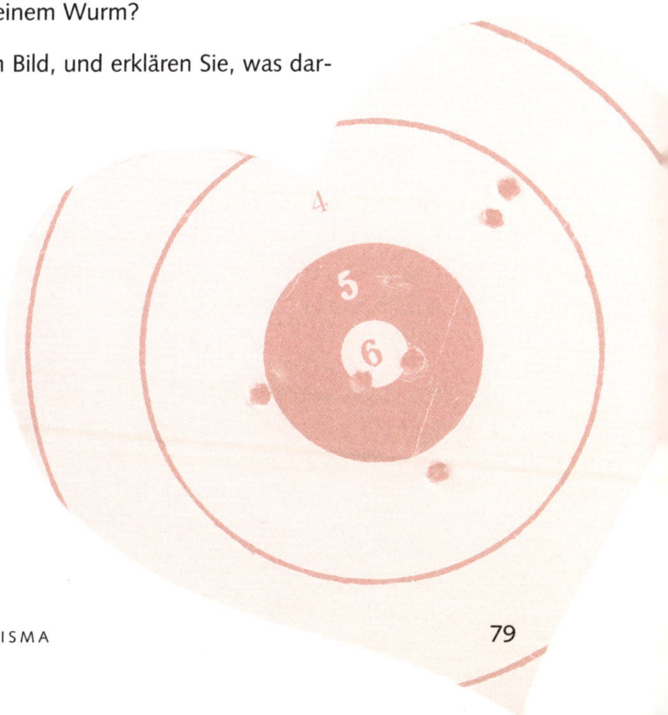

Vögel sind Symbole der Freiheit. Das Bild, das Sie von sich als Vogel gezeichnet haben, verrät Ihre Einstellung zu Bindungen im allgemeinen und Ihrer Familie im besonderen.

1. **Ein Vogeljunges im Nest.** – Sie sind sehr abhängig von Ihrer Familie und fühlen sich unter den Fittichen Ihrer Eltern am sichersten. Das ist ganz in Ordnung, wenn Sie in einem Alter sind, in dem auch junge Menschen noch nicht flügge sind. Haben Sie dieses Alter jedoch schon weit überschritten, sollten Sie sich vielleicht Gedanken über einen eigenen Nestbau machen ...

2. **Ein einsam am Himmel kreisender Vogel.** – Sie sind ein echter Vagabund, und familiäre Bindungen bedeuten Ihnen nicht viel. Sie lieben es, frei und ungebunden zu gehen, wohin der Wind Sie trägt. Weder ein Käfig – und sei er noch so golden – oder ein gemütliches Nest kommen für Sie in Frage.

3. **Ein Vogel mitten in einer Schar von anderen Vögeln.** – Sie sind gesellig und ein richtiger Familienmensch und fühlen sich am wohlsten unter möglichst vielen Gleichgesinnten, wo es immer etwas zu zwitschern und zu picken gibt. Die Einsamkeit liegt Ihnen gar nicht. Für Sie gibt es nichts Langweiligeres, als allein zu sein.

4. **Ein Vogel auf Futtersuche.** – Ihnen liegt weder viel an der Freiheit noch an der Geselligkeit. Die Hauptsache ist für Sie Ihr leibliches Wohl. Ob Sie nun ein Vöglein wären oder nicht.

Katzenjammer

»Bei Nacht sind alle Katzen grau«, »Da beißt sich die Katze in den eigenen Schwanz«, »Katz und Maus spielen« – in unzähligen Sprichwörtern geht es um die Katze. Vielleicht weil sie uns im Alltag so nahesteht und viele Menschen sie sehr gerne um sich haben.

Was fällt Ihnen spontan ein, wenn Sie an Katzen denken? Welche der folgenden Assoziationen kommt Ihrer Vorstellung am nächsten?

1. Ein warmes, gemütliches Eckchen.
2. Katzen sind launisch.
3. Sie sind kuschelig und anschmiegsam.
4. Egoistische Einzelgänger.

In der Psychologie ist die Katze ein Symbol für unsere »Anima«, das Element des Weiblichen, das im Seelenleben eines jeden Menschen vorhanden ist. Schauen wir uns doch mal Ihre Eigenschaften an, die als »weiblich« gelten würden. Selbstverständlich sind hier auch die männlichen Leser angesprochen. Vielleicht entdecken Sie sogar Ihre verborgene weibliche Seite.

1. **Ein warmes, gemütliches Eckchen.** – Sie haben nicht in erster Linie an die Katze selbst gedacht, sondern an ihre Lebensweise. Sie sind phantasievoll und flexibel, kompetent in Ihrem Beruf und beliebt bei Ihren Freunden. Kurzum: Sie sind ein tüchtiger Mensch. Doch Vorsicht! Unter Umständen könnte man Sie für raffiniert halten.

2. **Katzen sind launisch.** – Für Sie steht die Charaktereigenschaft der Katze im Vordergrund. Anscheinend ist Ihnen bewußt, daß Sie selbst launenhaft und kapriziös wie eine Katze sind. Doch Sie empfinden das als positiv, da sie diese Eigenschaften als Unbestechlichkeit und Unabhängigkeit auslegen. Übertreiben Sie es nicht – man könnte Sie unausstehlich finden!

3. **Sie sind kuschelig und anschmiegsam.** – Wenn Sie die Katze in erster Linie als ein weiches, angenehm zu berührendes Objekt und weniger als lebendiges Tier betrachten, sind Sie ein sehr unabhängiger Mensch. Sie behalten stets einen kühlen Kopf und bewegen sich betont selbstbewußt. Mag sein, daß andere Sie manchmal für berechnend oder eitel halten, aber das sollte Sie nicht stören. Lassen Sie sich nicht verunsichern!

4. **Egoistische Einzelgänger.** – Sie versetzen sich in die Katze hinein und assoziieren mit Ihrem Verhalten Egoismus und Einzelgängertum. Sie sind ein sehr einfühlsamer Mensch, gefühlsbetont und mitfühlend, sogar altruistisch. Könnte es sein, daß manche Sie für zu weich halten?

Home, *Sweet Home*

Als Single in einer Großstadt zu leben erweckt ganz natürlich den Wunsch nach einem schicken Apartment. Komfortabel, gepflegt, sicher und funktionell muß es sein. Malen Sie sich aus, wo, wie groß und auf welcher Etage Ihre Traumwohnung sein soll. Vielleicht finden Sie ja bald genau die richtige.

Stellen Sie sich vor, Sie könnten zwischen vier Wohnungen in einem Apartmenthaus wählen. Die Wohnungen liegen jeweils links oder rechts neben, unter oder über der des Hausbesitzers. Wo würden Sie am liebsten wohnen?

1. Rechts neben dem Hausbesitzer.
2. Links neben dem Hausbesitzer.
3. Über dem Hausbesitzer.
4. Unter dem Hausbesitzer.

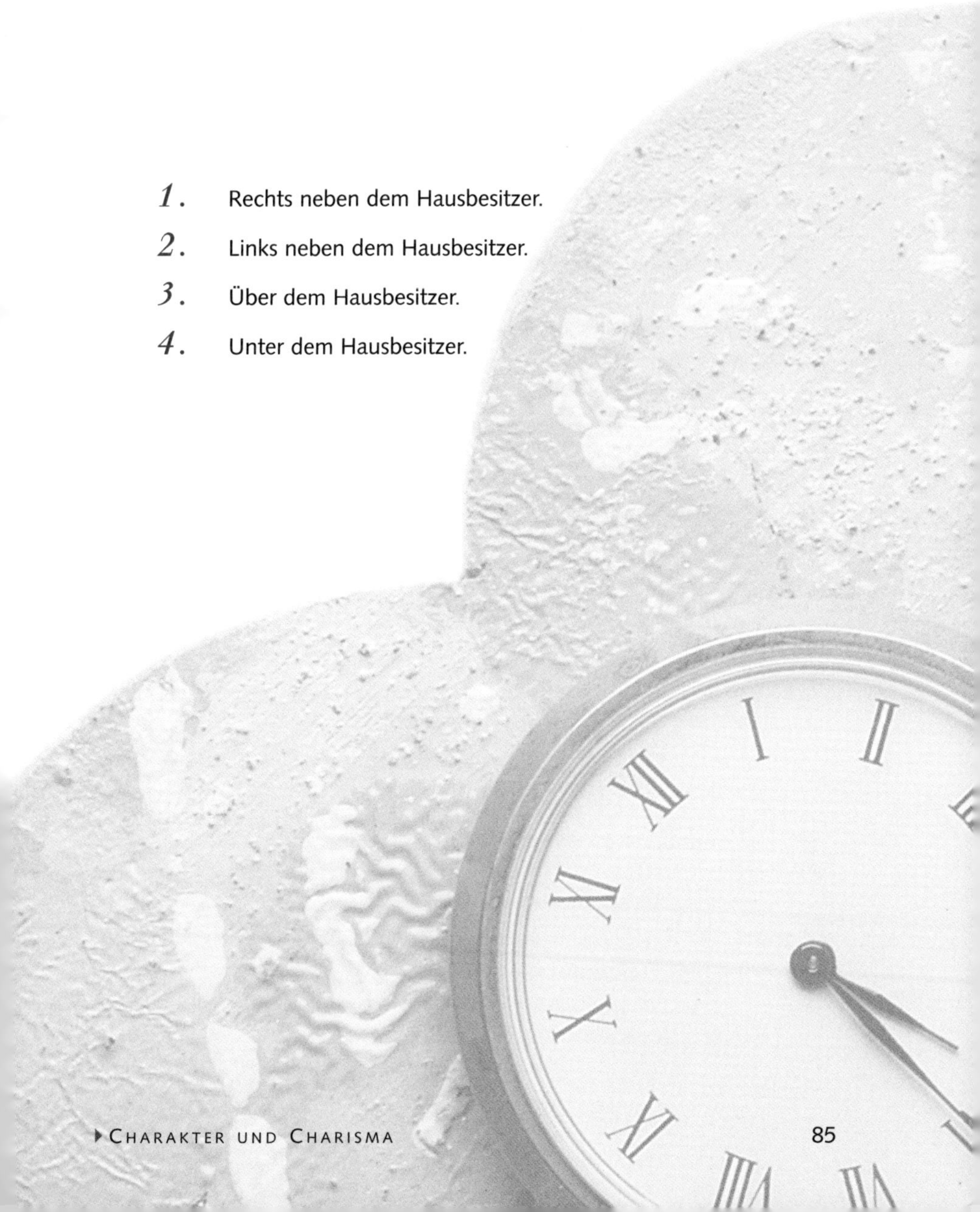

Das Apartment steht symbolisch für Ihre Position in zwischenmenschlichen Beziehungen. Aus Ihrer Wahl läßt sich ableiten, wie Sie die Beziehungen zu Ihren Mitmenschen am liebsten gestalten.

1. **Rechts neben dem Hausbesitzer.** – Sie haben diese Wohnung gewählt, weil Sie nicht möchten, daß *er* rechts neben Ihnen wohnt, denn sie möchten in Ihrem Privatleben keine allzu engen Beziehungen pflegen. Ihre persönliche Zeit ist Ihnen zu kostbar, und Sie möchten sie nicht mit anderen teilen.

2. **Links neben dem Hausbesitzer.** – Sie sind gar nicht gern allein. Sie achten immer sehr auf Ihre Mitmenschen und kümmern sich auch um sie, damit Sie sich ja nicht unbeliebt machen und isoliert sind. Sie sind bei Ihrer Umgebung bestimmt sehr beliebt.

3. **Über dem Hausbesitzer.** – Sie wollen immer und überall der Boß sein, sind durchsetzungsfähig und kommandieren gern. Sie verfügen durchaus über Führungsqualitäten, haben sich aber nicht nur Freunde gemacht. Es könnte nichts schaden, wenn Sie etwas behutsamer und feinfühliger mit Ihren Mitmenschen umgingen.

4. **Unter dem Hausbesitzer.** – Sie sind ein bißchen ängstlich und hätten gerne jemanden, der Sie beschützt. Möglicherweise liegt das daran, daß es in Ihrem Umfeld viele egozentrische Menschen gibt. Oder ist Ihr Selbstvertrauen nicht allzu stabil? Andererseits verdanken Sie es Ihrer zurückhaltenden Art, daß Sie so gut wie nie einen Mitmenschen verletzen. Ihre Treuherzigkeit und Hilflosigkeit wecken Beschützerinstinkte und machen Sie sympathisch.

Single *Belles*

Alleinlebende wissen, wie es ist, abends nach der Arbeit in eine leere, dunkle Wohnung zu kommen. Kennen Sie dieses Gefühl der Einsamkeit, wenn zu Hause niemand auf Sie wartet?

Welche Wärme strahlt dagegen eine hell erleuchtete Wohnung aus! Fühlt man sich nicht gleich wohler, wenn man von einem geliebten Menschen begrüßt wird? Und wenn dann noch jemand fragt, wie es Ihnen tagsüber ergangen ist, ist der ganze Bürostreß doch im Nu vergessen.

Lesen Sie zunächst die vier folgenden Fragen. Können Sie sich einen oder mehrere Menschen vorstellen, die diese Dinge für Sie tun würden? Wenn Sie ein Frau sind, nennen Sie männliche Bekannte, sind Sie ein Mann, müssen es weibliche sein.

1. Sie kommen nach der Arbeit nach Hause und ziehen im Flur die Schuhe aus. Kommt jemand aus einem Zimmer und heißt Sie willkommen? Wer?
2. Als nächstes gehen Sie ins Bad, um sich Gesicht und Hände zu waschen. Reicht Ihnen jemand ein Handtuch? Wer?
3. Danach trinken Sie in der Küche ein Glas Wasser. Sie haben hastig getrunken und etwas verschüttet. Wischt jemand es für Sie auf? Wer?
4. Schließlich legen Sie sich im Wohnzimmer auf die Couch und nicken ein. Massiert Ihnen jemand die Füße? Wer?

Wenn Sie alle Fragen mit ja beantwortet haben und Ihnen ohne langes Nachdenken ein oder mehrere Namen eingefallen sind, bedeutet das leider, daß Sie ein ziemlich ichbezogener, arroganter Mensch sind. Schauen wir uns jetzt mal an, wie arrogant Sie sind.

1. **Sie kommen nach der Arbeit nach Hause und ziehen im Flur die Schuhe aus. Kommt jemand aus einem Zimmer und heißt Sie willkommen? Wer?** – Sie sind nicht mehr von sich überzeugt als die meisten Menschen, denn bei der Begrüßung heimkehrender Familienmitglieder handelt es sich schließlich um eine alltägliche Form des sozialen Umgangs. Allerdings könnte es sein, daß Sie die Person, die zu Ihnen in den Flur herauskommt, als eine Art Lückenbüßer betrachten, den Sie sich für alle Fälle warmhalten.

2. **Als nächstes gehen Sie ins Bad, um sich Hände und Gesicht zu waschen. Reicht Ihnen jemand ein Handtuch? Wer?** – Wenn Ihnen jemand das Handtuch reicht, liegt der Grad Ihrer Arroganz ein wenig über dem Durchschnitt. Die Person, die Ihnen das Handtuch reicht, würde – zumindest Ihrer Meinung nach – jederzeit nach Ihrer Pfeife tanzen.

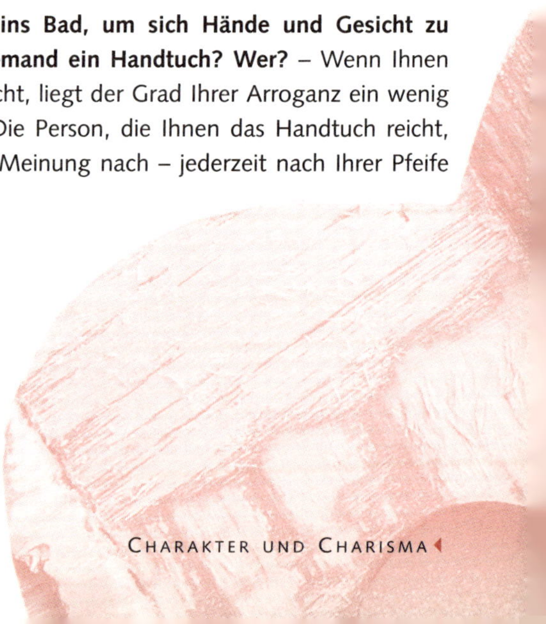

3. **Danach trinken Sie in der Küche ein Glas Wasser. Sie haben hastig getrunken und etwas verschüttet. Wischt jemand es für Sie auf? Wer?** – Wenn Ihnen eine Person eingefallen ist, die das, was Sie verkleckert haben, aufwischt, beträgt der Grad Ihrer Arroganz bedauerlicherweise 90 Prozent. Die betreffende Person kommandieren Sie mit Vorliebe herum und benutzen sie als Fußabtreter.

4. **Schließlich legen Sie sich im Wohnzimmer auf die Couch und nicken ein. Massiert Ihnen jemand die Füße? Wer?** – Wenn Sie auch diese Frage mit ja beantwortet haben, sind Sie ein hundertprozentig arroganter Pinsel. Die Person, die Ihnen die Füße massiert, wird von Ihnen kaum noch als Mensch gesehen. Hüten Sie sich: Hochmut kommt vor dem Fall!

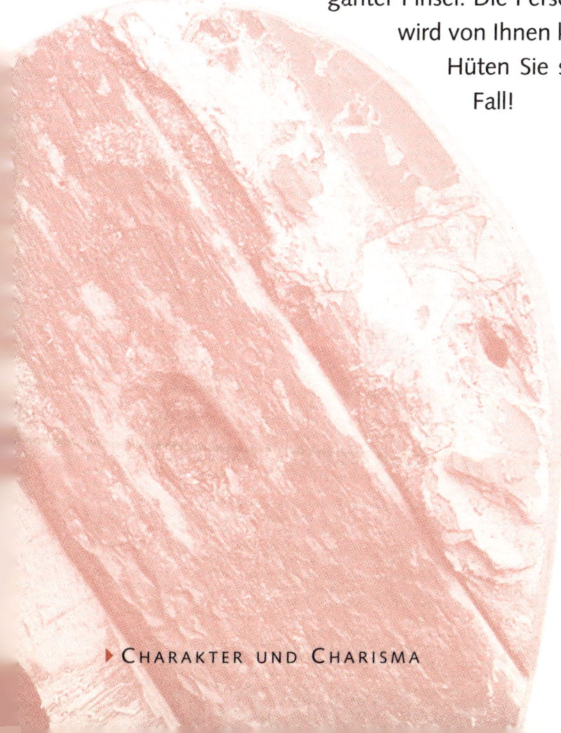

Der nächste, *bitte!*

Krankenhäuser lösen die unterschiedlichsten Empfindungen aus. Ein Mensch, der zu einer wichtigen Untersuchung ins Krankenhaus muß, fühlt sich dort höchst unbehaglich, gerät vielleicht sogar in Panik, während ein anderer, der dort geheilt wurde, mit Dankbarkeit und Freude an die Stätte seiner Genesung denkt. Eine Frau, die ein Baby bekommen hat, sieht die Klinik vielleicht sogar als den Hort des höchsten Glücks.

Jedenfalls liegen im Krankenhaus Leben und Tod, Freude und Trauer sehr dicht beieinander. Die Menschen, die dort arbeiten, sind oft rettende Engel für die verzweifelten Patienten.

Gewiß waren auch Sie schon einmal in einem Krankenhaus. Da – hören Sie es? »Der nächste, bitte!« Sie sind an der Reihe.

1. Sie müssen zu einer Untersuchung ins Krankenhaus und sitzen im Warteraum. Ein Kleinkind, das völlig außer Rand und Band herumtobt, geht Ihnen schrecklich auf die Nerven. Sie sagen ihm, es solle sich hinsetzen und sich ruhig verhalten. Wie reagiert das Kind?

2. Zufällig erhaschen Sie einen Blick von einem Bekannten, der gerade im Untersuchungszimmer verschwindet. Wer ist es?

3. Eine Schwester ruft Sie auf. Sie erinnert Sie stark an eine Person aus Ihrem Bekanntenkreis. An wen?

4. Nach der Untersuchung starrt der Arzt längere Zeit stumm und mit gerunzelter Stirn auf Ihr Krankenblatt. Wie reagieren Sie?

Ihre Reaktionen auf diese unterschiedlichen Situationen erlauben es uns, Ihre psychischen Schwachpunkte zu analysieren.

1. **Die Reaktion des Kindes auf Ihre Ermahnung läßt Schlüsse auf Ihre eigene Reaktion auf Kritik von außen zu.** Manche Menschen nehmen Vorwürfe widerspruchslos hin, andere tun, als hätten sie nichts gehört, und wieder andere werden sauer und fangen Streit an. Was für ein Typ sind Sie?

2. **Der/die Bekannte im Untersuchungszimmer ist die Person in Ihrem Leben, der Sie am wenigsten Vertrauen schenken.** Nicht einmal im äußersten Notfall würden Sie sie um Hilfe bitten.

3. **Die Krankenschwester erinnert Sie an den einzigen Menschen, dem Sie einfach nicht widersprechen können.** Diese Person – vielleicht Ihr Vorgesetzter – verkörpert große Autorität für Sie. Aber es könnte sich auch um einen Menschen aus Ihrem entfernteren Bekanntenkreis handeln, vor dem Sie sich insgeheim ein bißchen fürchten. Ihr Vermieter zum Beispiel? Die unwirsche Kellnerin in Ihrer Stammkneipe? In diesem Fall sollten Sie überlegen, ob Sie nicht manchmal ein wenig duckmäuserisch sind.

4. Hier zeigt sich **Ihre Reaktion auf Mobbing oder Psychoterror sonstiger Art.** Stellen Sie die Betreffenden zur Rede und versuchen so die Situation zu klären? Oder fragen Sie eher ängstlich und schüchtern nach? Suchen die Schuld womöglich bei sich selbst? Oder leiden Sie im stillen Kämmerlein, ohne sich zu wehren? Oder würden Sie, außerstande, die Situation zu ertragen, freiwillig klein beigeben und das Feld räumen?

PERUGINA

Wer den *Schaden hat...*

Im Alltag trifft jeden ab und zu ein Mißgeschick. Man stolpert auf einer Treppe, die man schon tausendmal gegangen ist, oder es fängt im unpassendsten Moment an zu regnen. Man läßt wichtige Unterlagen in der Bahn liegen oder verläßt die Wohnung ohne Hausschlüssel ... Höchst ärgerlich. Aber was empfinden Sie, wenn anderen ein Malheur passiert? Vier Menschen widerfahren folgende Mißgeschicke. Wer tut Ihnen am meisten leid?

1. Jemand wird mitten auf dem Gehsteig von einem Klecks Vogeldreck getroffen.
2. Einer Frau rutscht das Kuchenpaket aus der Hand, das sie mit äußerster Vorsicht vor sich her balanciert hatte.
3. Einem alten Mann fällt beim Gähnen das Gebiß aus dem Mund.
4. Jemandem fährt die Bahn vor der Nase weg.

So etwas ist wirklich Pech! Natürlich haben Sie Mitgefühl mit den Betreffenden, aber verspüren Sie nicht im tiefsten Herzen auch ein kleines bißchen Schadenfreude? Werfen wir mal einen Blick auf die Schattenseite Ihres Mitgefühls.

1. **Jemand wird mitten auf dem Gehsteig von einem Klecks Vogeldreck getroffen.** – Sie machen sich zu viele Gedanken darüber, was andere von Ihnen halten könnten, und wenn Sie einmal angefangen haben, darüber nachzugrübeln, können Sie kaum noch damit aufhören. Sie sollten sich lieber mehr auf sich selbst konzentrieren. Sobald es Ihnen gelingt zu begreifen, daß zwischen Ihnen und anderen durchaus ein Unterschied besteht und daß es nicht zu Ihrem Schaden ist, sich in erster Linie um die eigenen Angelegenheiten zu kümmern, wird eine große Last von Ihnen abfallen.

2. **Einer Frau rutscht das Kuchenpaket aus der Hand, das sie mit äußerster Vorsicht vor sich her balanciert hatte.** – Sie sind ein sehr phantasievoller Mensch. Kommt es eventuell sogar vor, daß Sie Dinge erzählen, die nicht ganz der Wahrheit entsprechen? Kein Grund zur Sorge, solange es sich um Belanglosigkeiten handelt. Doch wenn Ihre Schwindeleien anderen schaden, wird die Sache problematisch. Sie setzen Ihren guten Ruf aufs Spiel.

3. **Einem alten Mann fällt beim Gähnen das Gebiß aus dem Mund.** – Anscheinend haben Sie bisher noch keine größere Niederlage erlitten, denn Sie scheinen nicht sehr empfänglich für die Probleme anderer zu sein. Etwas mehr Einfühlungsvermögen könnte Ihnen nicht schaden. Wenn jemand auf Kosten anderer lacht, heißt das nicht unbedingt, daß er Humor hat. Möglicherweise haben Sie schon einige Menschen mit Ihrem gedankenlosen Gerede verletzt.

4. **Jemandem fährt die Bahn vor der Nase weg.** – Sie müssen immer und unbedingt in allem der oder die Beste sein. Unentwegt vergleichen Sie sich mit anderen. Fühlen Sie sich überlegen, reiben Sie sich die Hände; sind Sie jedoch unterlegen, quälen Neid und Eifersucht Sie. Eigentlich hängt Ihr Selbstwertgefühl doch von Ihnen ab. Wenn Sie sich ständig nur im Wettbewerb mit anderen sehen, können Sie sich nicht weiterentwickeln.

Fünfzig ist doch *kein Alter*

Vor Ihnen geht eine Frau im Minirock. Sie ist schlank, hat schöne lange Beine und gepflegte lange Haare. Sie hat zweifellos einen ausgezeichneten Geschmack. Als Sie sie von vorne sehen, stellen Sie überrascht fest, daß sie weit über fünfzig ist. Was denken Sie?

1. Die hat aber auch gar kein Schamgefühl.
   In dem Alter noch einen Minirock zu tragen!
2. Ist die aber mutig!
   Da könnte man direkt neidisch werden.
3. Das Alter einer Frau spielt keine Rolle,
   solange sie auf ein gepflegtes Äußeres achtet.
4. Über Geschmack läßt sich nicht streiten.

Was haben Sie über die Frau gedacht? Wie sollte sich Ihres Erachtens eine über fünfzigjährige Frau geben? Ihre Meinung verrät Ihre eigene Lebenseinstellung.

1. **Die hat aber auch gar kein Schamgefühl. In dem Alter noch einen Minirock zu tragen!** – Sie haben feste Vorstellungen, wie eine Frau über fünfzig auszusehen hat. Legen Sie nicht allzuviel Wert auf das Alter einer Frau? Wenn Sie sich auch in Zukunft diesem Diktat der Jugendlichkeit unterwerfen, berauben Sie sich Ihrer eigenen Möglichkeiten. Seien Sie mutig und tolerant, und befreien Sie sich von diesem Denkkorsett.

2. **Ist die aber mutig! Da könnte man direkt neidisch werden.** – Grübeln Sie nicht ständig darüber nach, was andere von Ihnen denken könnten. Sie trauen sich nicht so richtig, eine eigene Meinung zu vertreten, und neigen eher dazu, sich allzu bereitwillig der Mehrheit anzuschließen. Das Wichtigste ist jedoch, mit eigenen Augen zu sehen, mit eigenen Ohren zu hören und mit dem eigenen Kopf zu denken. Haben Sie mehr Selbstvertrauen!

3. **Das Alter einer Frau spielt keine Rolle, solange sie auf ein gepflegtes Äußeres achtet.** – Sie verfügen über ein gesundes Selbstvertrauen, denken konstruktiv und haben eine positive Lebenseinstellung. Sie sind selbständig und stark genug, sich durchzusetzen. Aus diesem Grund werden Sie aber auch häufig zur Zielscheibe von Kritik und sogar Diffamierungen. Nicht alle sind so stark und unabhängig wie Sie. Vergessen Sie Rücksicht und Mitgefühl gegenüber anderen Menschen nicht!

4. Über Geschmack läßt sich nicht streiten. – Sie sind vernünftig und rational, vermeiden unnötige Konflikte und verlieren niemals die Fassung. Da Sie jedoch Ihre Mitmenschen stets auf Distanz halten, halten viele Sie für unterkühlt. Achten Sie mehr auf einen herzlichen Umgang mit anderen.

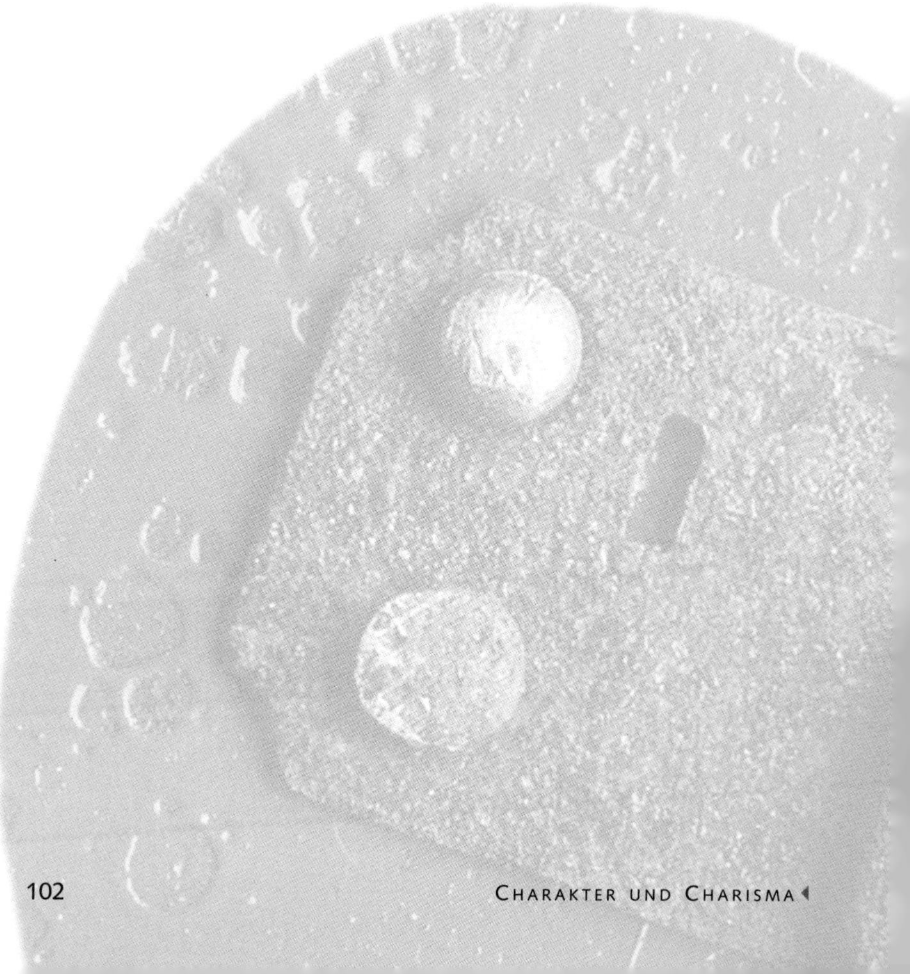

Sag mir, wo die *Blumen sind*

Ein Blumentopf, den Sie liebevoll gepflegt hatten, ist Ihnen versehentlich vom Balkon gefallen. Sie rennen so schnell wie möglich nach unten. Was finden Sie vor?

1. Der Blumentopf ist unversehrt.

2. Zwar ist der Topf etwas beschädigt, aber der Pflanze ist nichts passiert.

3. Sowohl Topf als auch Pflanze sind kaputt.

4. Der Blumentopf ist seltsamerweise verschwunden.

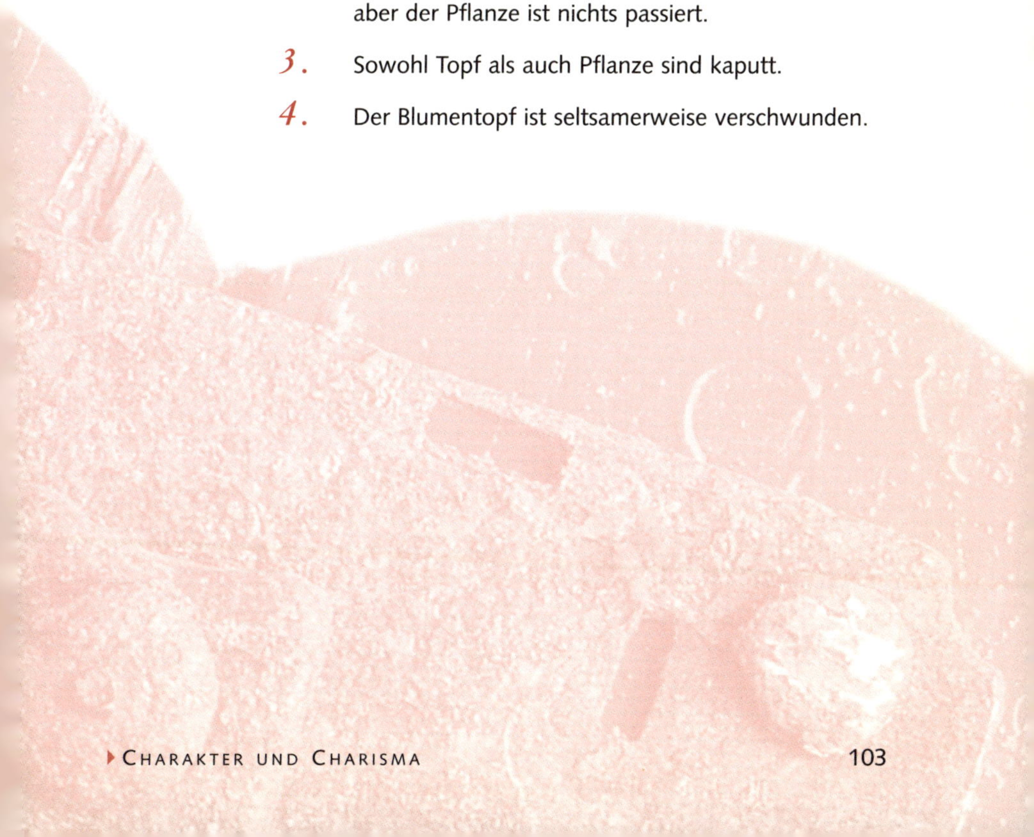

Der Zustand des vom Balkon gefallenen Blumentopfs weist auf eine Seite von Ihnen hin, die Sie für gewöhnlich nicht preisgeben.

1. **Der Blumentopf ist unversehrt.** – Sie halten sich für einen starken Menschen und gelten im allgemeinen als aktiv und zupackend. In Wahrheit sind Sie dagegen eher unsicher und sehr empfindlich, was die Meinung anderer über Sie betrifft. Am liebsten würden Sie ständig in Gesellschaft sein. Allein zu sein fällt Ihnen ganz und gar nicht leicht.

2. **Zwar ist der Topf etwas beschädigt, aber der Pflanze ist nichts passiert.** – Ihre Mitmenschen halten Sie für intelligent und besonnen. Doch im Gegensatz zum äußeren Anschein spielen Gefühle für Sie eine größere Rolle als für die meisten. Allerdings haben Sie oft Schwierigkeiten, sie zu zeigen. Vielleicht wäre es an der Zeit, einmal die Maske abzusetzen?

3. **Sowohl Topf als auch Pflanze sind kaputt.** – Sie sind still und zurückhaltend. In einer Gruppe nehmen Sie automatisch eine Zuhörerrolle ein. Doch wie gern würden Sie auch einmal von sich erzählen! Sie hegen sogar den starken Wunsch, im Mittelpunkt zu stehen, nicht wahr? Versuchen Sie bei der nächsten Gelegenheit, einen anderen Part zu spielen – Ihr Image könnte sich schlagartig ändern.

4. **Der Blumentopf ist seltsamerweise verschwunden.** – Sie sind eine notorische Stimmungskanone und bringen die Leute immer zum Lachen. So kommt es, daß viele Ihrer Mitmenschen Sie für einen Clown halten, wo Sie doch in Ihrem Inneren ernsthaft, sogar scheu sind. Wenn Sie sich unbeobachtet fühlen, setzen Sie bestimmt ein ganz anderes Gesicht auf, eines, das niemand bei Ihnen vermuten würde.

Das *wahre Gesicht*

Wenn plötzlich etwas Unerwartetes geschieht, tritt häufig eine Eigenschaft zutage, die man eigentlich lieber unter Verschluß gehalten hätte. Oder zeigen Sie immer Ihr wahres Gesicht?

Bei Ihrem ersten Rendezvous mit einer neuen Liebe gehen Sie abends in einem Park spazieren und setzen sich auf eine Bank. Romantische Stimmung breitet sich aus. Plötzlich haben Sie das Gefühl, daß jemand Sie von hinten beobachtet. Sie drehen sich um und entdecken einen Voyeur. Was für einen Gesichtsausdruck hat er, als Ihre Blicke sich treffen? Machen Sie eine Zeichnung von dem Eindringling, der Ihnen die schöne Stimmung verdorben hat. Wie sieht er aus? Grinst er verlegen? Glotzt er Sie verdutzt mit offenem Mund an? Ist er wütend, weil er ertappt wurde?

Ihre Zeichnung zeigt Ihr eigenes Gesicht, wenn Sie bei einer Lüge erwischt werden. Eigentlich möchten Sie nicht, daß jemand Sie so sieht. Schauen Sie mal in den Spiegel. Und vergleichen Sie Ihr Gesicht mit Ihrer Zeichnung! Kommt sie Ihnen bekannt vor?

Ein Freund, ein guter *Freund ...*

Warum der Elefant einen so *langen Rüssel hat*

Auch wenn er inzwischen allmählich von der Liste der beliebtesten Tiere verdrängt wird, bleibt der Elefant einer der Lieblinge der Zoobesucher. Trotz seiner Größe wirkt er lieb und fast verletzlich. Vielleicht hat er deshalb so viele Freunde?

Sie erhalten den Auftrag, eine Geschichte mit dem Titel »Warum der Elefant einen so langen Rüssel hat« zu schreiben. Welche der folgenden Möglichkeiten sagt Ihnen am meisten zu?

1. Der Elefant wollte ein Kind, das in den Fluß gefallen war, mit seinem Rüssel wieder herausziehen. Dabei streckte er seinen Rüssel so sehr, daß er immer länger wurde.

2. Weil der Elefant so schüchtern und zurückhaltend war, zupften ihn die anderen Tiere, um ihn zu necken, ständig am Rüssel. So wurde er immer länger.

3. Der Elefant war äußerst gefräßig. Um besser an hoch hängende Leckerbissen zu kommen, reckte und streckte er seinen Rüssel, so weit er konnte.

4. Der Elefant wünschte sich eine Nase, die seiner Körpergröße entsprach. Gott zeigte sich einsichtig und gab ihm den langen Rüssel.

Haben Sie sich für eine Version entschieden?

Der Elefant ist in der Psychologie ein Symbol für Mütterlichkeit und Fürsorge, d.h. er steht für die Person, die Ihnen in Notsituationen beisteht. Kurzum, der Elefant ist Ihr bester Freund.
Ihre Elefantengeschichte offenbart den Wert, den diese Freundschaft für Sie hat.

1. **Der Elefant wollte ein Kind, das in den Fluß gefallen war, mit seinem Rüssel wieder herausziehen. Dabei streckte er seinen Rüssel so sehr, daß er immer länger wurde.** – Für Sie ist Ihr bester Freund oder die beste Freundin ein Mensch, auf den Sie sich in jeder Lebenslage verlassen können. Diese Person genießt Ihr ganzes Vertrauen, und wenn Sie Probleme oder Kummer haben, wenden Sie sich zuerst an sie. Vergessen Sie jedoch nicht, auch einmal für sie dazusein und Ihre Hilfsbereitschaft zu zeigen. Sonst läuft die Freundschaft Gefahr, zu einseitig zu werden.

2. **Weil der Elefant so schüchtern und zurückhaltend war, zupften ihn die anderen Tiere, um ihn zu necken, ständig am Rüssel. So wurde er immer länger.** – Sie sind eine Führernatur. Ihre Freundschaften basieren meist auf Ihrer Stärke. Ihr bester Freund/Ihre beste Freundin braucht ständig Unterstützung. Er/sie ist vielleicht ein bißchen tolpatschig oder labil und läuft – Ihrer Ansicht nach – dauernd Gefahr, etwas Dummes zu tun. Aber gerade das reizt Ihren Beschützerinstinkt. Durch Ihre Hilfe befriedigen Sie gleichzeitig Ihren eigenen Wunsch, andere zu bemuttern. Oder etwa zu bevormunden?

3. Der Elefant war äußerst gefräßig. Um besser an hoch hängende Leckerbissen zu kommen, reckte und streckte er seinen Rüssel, so weit er konnte. – Als Ihren wahren Freund betrachten Sie einen Menschen, dem Sie, ohne etwas beschönigen zu müssen, offen die Meinung sagen können. Die Person hat möglicherweise viele Macken oder wirkt verschroben. Aber vielleicht kommt Ihnen das auch nur so vor, weil sie ihrerseits auch nichts vor Ihnen verbirgt und ganz ehrlich ist. Ein Mensch, mit dem man aufrichtig streiten kann, ist ein wertvoller Freund.

4. Der Elefant wünschte sich eine Nase, die seiner Körpergröße entsprach. Gott zeigte sich einsichtig und gab ihm den langen Rüssel. – Sie umgeben sich nur mit Menschen, die Ihre Wertvorstellungen teilen, die Sie ergänzen und mit denen Sie fruchtbare, erbauliche Beziehungen pflegen können. Bezeichnungen wie »Herzensfreund« oder »Busenfreundin« haben in Ihrer Vorstellung von wahrer Freundschaft nur sehr begrenzten Raum. Ihr bester Freund/Ihre beste Freundin muß Ihre Lebensphilosophie teilen. Aber solchen Menschen begegnet man nicht jeden Tag. Wahrscheinlich werden Sie in Ihrem Leben höchstens ein oder zwei davon kennenlernen.

Im *Gänsemarsch*

Walking ist eine gesunde Sportart, die auch beim Abnehmen hilft. Man braucht nur passende Kleidung, und schon kann's losgehen. Gutes Wetter wäre natürlich auch nicht schlecht. Die Grundregel lautet »Kein Streß und viel Spaß«. Wahrscheinlich wird *Walking* deshalb auch immer beliebter.

Sie machen mit zweien Ihrer besten Freunde einen *Walking*-Ausflug in die Natur. Plötzlich kommt Ihnen auf einem Waldweg ein Radfahrer entgegen. Bislang waren Sie nebeneinander gegangen, jetzt müssen Sie im Gänsemarsch »walken«, um dem Radfahrer Platz zu machen. In welcher Reihenfolge haben Sie sich formiert – wer läuft ganz vorn, wer in der Mitte, und wer bildet das Schlußlicht?

In solchen Situationen offenbart sich die bis dahin vielleicht verborgene, unbewußte Rollenverteilung innerhalb der Gruppe. Wer nimmt welchen Platz ein?

1. **Die Person, die sich an die Spitze gesetzt hat, ist offensichtlich eine Führernatur.** Sie initiieren, planen und organisieren Unternehmungen und reißen die anderen mit. Kurz gesagt, Sie sind der »Manager« der Gruppe. Da Sie die Erwartungshaltung der anderen spüren, fühlen Sie sich auch gleich für alles zuständig. Aber Vorsicht, nicht alle akzeptieren es, wenn einer immer und überall im Vordergrund steht.

2. **Die mittlere Person ist meist die »Stimmungskanone« der Gruppe.** Mit Ihrem Humor und Ihren »Showeinlagen« verbreiten Sie gute Laune. Notfalls veralbern Sie sich sogar selbst, um eine Situation zu retten. Jede Gruppe braucht ein solches Mitglied. Obwohl Sie auf diese Weise häufig im Mittelpunkt stehen, sollten Sie nicht vergessen, daß Sie diese Rolle überhaupt erst Ihrer Clique verdanken. Ohne Sie könnten Sie Ihre Rolle nicht spielen. Sie sind von Ihren Freunden abhängig.

3. **Das Schlußlicht tritt gern bescheiden auf und hält sich im Hintergrund.** Dennoch sind Sie der eigentliche Machthaber der Gruppe. Sozusagen die graue Eminenz. Das fällt auf den ersten Blick nicht so auf, weil Sie nicht immer im Mittelpunkt stehen müssen, aber im Grunde läuft alles nach Ihrem Plan. Sie sind ein gewiefter Drahtzieher.

Wie Hund *und Katze*

»Er hat etwas an sich, das mir nicht gefällt«, »Ich mag sie einfach nicht«, »Den kann ich überhaupt nicht leiden« ... Manche Leute sind und bleiben uns unsympathisch, und wir können nichts daran ändern. Ein Gefühl, das jeder kennt. Die Auslöser dieses Gefühls sind so vielschichtig, daß es sich häufig der Analyse entzieht. Instinktive Abneigung gehört offensichtlich zur Grundausstattung der menschlichen Natur. Ein Rätsel ...

Stellen Sie sich vor, Sie wären ein Hund und gingen vergnügt und schwanzwedelnd auf der Straße spazieren. Auf einmal kommt Ihnen eine Katze entgegen, die Sie schon mehrmals auf einen Baum gescheucht haben und am liebsten mal so richtig zerbeißen würden – so verhaßt ist sie Ihnen.

Warum können Sie diese Katze nicht leiden? Was erregt Ihren Abscheu? Erklären Sie ausführlich Ihre Vorbehalte.

In unserer Vorstellung sind Katzen raffiniert und durchtrieben, Hunde dagegen anhänglich und treuherzig bis zur Selbstaufopferung. Vielleicht liegt es an der Unabhängigkeit, die Katzen nachgesagt wird, oder an ihrem unergründlichen Blick, daß wir ihnen gegenüber immer etwas mißtrauisch sind. In unserem Spiel steht die Katze, der Sie als Hund begegnen, für die Eigenschaften und Schwächen, die andere möglicherweise an Ihnen stören.
Nutzen Sie die Gelegenheit zur Selbsterkenntnis!

In der *Unfallklinik*

Kinder schreien, Erwachsene unterhalten sich leise, Krankenschwestern laufen hektisch durch die Gänge ... Sie befinden sich in einer Unfallklinik. In der Aufnahme warten viele Patienten, darunter auch ein paar von Ihren Bekannten. Einige tragen einen Gips, andere einen Verband. Nennen Sie Namen von Ihnen bekannten Personen.

1. Wer ist die Person mit dem Kopfverband?
2. Und wer die mit dem großen Pflaster im Gesicht?
3. Wer hat ein Gipsbein?
4. Wer einen verbundenen Arm?

Haben Sie alle erkannt? Die Personen, die Sie hier genannt haben, sind Menschen, die Sie im Grunde Ihres Herzens unsympathisch finden.

1. **Die Person mit dem Kopfverband** ist unzuverlässig und nicht vertrauenswürdig.
2. **Die Person mit dem großen Pflaster im Gesicht** paßt charaktermäßig nicht zu Ihnen.
3. **Die Person mit dem Gipsbein** ist immer schlecht organisiert und fällt anderen zur Last.
4. **Die Person mit dem verbundenen Arm** behindert andere mehr bei der Arbeit, als daß sie ihnen hilft.

Der Kopf steht symbolisch für Ehrgeiz und Führungsqualitäten, das Gesicht für den Charakter und die Lebensweise, die Beine stehen für Ordnung und Fleiß und die Arme für planvolles Arbeiten.

Ihrer Meinung nach fehlen den Personen, die Sie mit den Verletzungen assoziiert haben, die entsprechenden Eigenschaften. Was, das stimmt nicht ...? Aber Sie haben doch spontan geantwortet, oder etwa nicht?

Ein geheimnisvoller *Brief*

Verspüren Sie auch immer ein leichtes Gefühl der Erwartung, wenn Sie nach Hause kommen und in den Briefkasten schauen? Wenn Sie dann auch noch zwischen all den Zeitungen und Werbesendungen einen an Sie persönlich adressierten Umschlag entdecken, wächst die Spannung. Könnte es ein Liebesbrief sein? Oder Post von Freunden? Mit klopfendem Herzen reißen Sie den Umschlag auf. Blöd, wenn es doch nur wieder eine Rechnung ist. Doch wer weiß – vielleicht bekommen Sie eines Tages einen Brief, der Ihnen unvermutet Glück beschert. Auch wenn Hauptgewinne in Preisausschreiben zugegebenermaßen extrem selten sind. Aber nichts ist unmöglich ...

1. Eines Tages finden Sie in Ihrem Briefkasten die Einladung zu einem Gratisaufenthalt in einem schicken Hotel an einem mondänen Urlaubsort. Wie reagieren Sie darauf?

2. Stellen Sie sich vor, Sie würden die Einladung annehmen und hinfahren. Obwohl der Empfangschef Sie mit ausgesuchter Höflichkeit begrüßt, gibt es etwas an ihm, daß Ihnen nicht gefällt. Was stört Sie?

3. Sie werden auf Ihr Zimmer geführt und schauen sich um. Was ist Ihr erster Eindruck?

4. Schließlich machen Sie einen Rundgang durch das Hotel. Sie stoßen auf eine sehr gediegen wirkende Tür, die sich von allen anderen Türen unterscheidet. Jemand tritt aus der Tür. Wer ist es? (Nennen Sie den Namen einer Ihnen bekannten Person.)

Die Einladung steht symbolisch für Ihr Kommunikationsvermögen, während das Hotel Ihre sozialen Umgangsformen repräsentiert. Ihre Antworten zeigen, auf welche Weise Sie gesellschaftlich mit anderen verkehren.

1. **Ihre Reaktion auf die Einladung entspricht Ihrem Verhalten, wenn Sie Menschen kennenlernen.** Haben Sie begeistert reagiert, sind Begegnungen und Kontakte zu anderen für Sie sehr wichtig. Sie sind offen für neue Freundschaften und wirken selbst auch sympathisch auf andere.
Haben Sie als erstes überlegt, wie das Hotel überhaupt an Ihre Adresse kommen konnte, neigen Sie eher zur Zurückhaltung und warten im allgemeinen erst einmal ab, was man von Ihnen will. Wahrscheinlich sind Sie sehr vorsichtig im Umgang mit anderen.
Wenn Sie sogleich einen Betrug geargwöhnt haben, sollten Sie versuchen, etwas entspannter an das Leben heranzugehen. Nicht alle Ihre Mitmenschen sind Ihnen feindlich gesinnt.

2. **Das, was Sie an dem Empfangschef stört, ist in Wahrheit Ihr eigener größter Fehler.** War er bei aller Zuvorkommenheit doch überheblich? War sein Lächeln leicht spöttisch? Oder war er geschmacklos gekleidet? Finden Sie heraus, was Sie in Zukunft anders machen können.

3. **Der erste Eindruck von Ihrem Hotelzimmer verrät, worauf Sie bei Ihren Mitmenschen Wert legen.** Hat Ihnen die Atmosphäre des Zimmers zugesagt, steht für Sie der Charakter einer Person im Vordergrund. Haben die schönen Möbel und die elegante Ausstattung Sie beeindruckt, legen Sie viel Wert auf den Status oder das Vermögen eines Menschen. Wenn Sie eher auf die praktischen Aspekte der Einrichtung geachtet haben, sind Sie vielleicht ein etwas berechnender Mensch.

4. **Die Person, die aus der geheimnisvollen Tür trat,** ist der Mensch, nach dem Sie im Augenblick die größte Sehnsucht verspüren.

Zurück in die *Zukunft*

Cats

Ebenso wie die menschliche Gesellschaft ihre Regeln hat, herrschen auch in der Tierwelt strenge Gesetze. Das gilt nicht nur für die wilden Tiere im Dschungel oder in der Savanne, sondern auch für streunende Katzen und Hunde in den Städten. Ab und zu läßt sich beobachten, daß eine Katze immer auf dem gleichen Platz ihren Mittagsschlaf hält. Oder man sieht, wie zwei Katzen kämpfen. Was geht zwischen ihnen vor?

Wären Sie nicht auch manchmal gern eine Katze? Eigentlich müßte es doch ganz spannend sein, so als Katze durch die Gegend zu stromern, oder?

1. Stellen Sie sich vor, Sie wären eine schwarze Katze und Boß aller Katzen in Ihrem Viertel. Aber Sie brauchen einen Vize und haben auch schon eine andere Katze als Vertreterin im Auge. Mit welchen Worten ernennen Sie sie?

2. Die Katze, die Sie für dieses wichtige Amt vorgesehen hatten, hat abgelehnt. Wie lautete ihre Begründung?

3. Allerdings hat sie eine andere Katze für den Posten vorgeschlagen. Welche Eigenschaften hat diese andere Katze?

4. Was werden die anderen mächtigen Katzen der Gruppe wohl unternehmen, nachdem sie von Ihnen übergangen wurden? Beschreiben Sie ihre Reaktionen.

In der Psychologie gelten Katzen als archetypisches Symbol für das weibliche Seelenbild, die »Anima«, und werden mit Liebe, Eifersucht und dem Geheimnisvollen in Verbindung gebracht. Wir wollen nun mit Hilfe der schwarzen Katze Ihr Verhalten in einer Werbungssituation untersuchen.

1. **Die Worte, mit denen Sie als Anführerin der Katzen Ihre potentielle Stellvertreterin ansprechen, sind genau die, die Sie heimlich für einen Heiratsantrag vorbereitet haben.**
Wie halten Sie um die Hand der begehrten Person an? »Zu dir habe ich das meiste Vertrauen«; »Du mußt mir zur Seite stehen«; »Ach bitte, ohne dich schaffe ich es nicht«; »Du mußt einfach zustimmen, ein Nein akzeptiere ich nicht«; »Du bist genau die richtige für diesen Job«. Vielleicht würden Sie mit schlichteren und gefühlvolleren Worten ein besseres Ergebnis erzielen?

2. Wenn man die Bitte einer wichtigen Person ausschlägt, wählt man seine Worte naturgemäß äußerst vorsichtig, um ihre Gefühle nicht zu verletzen.
Sie ahnen es schon: **Die Gründe, aus denen die andere Katze nicht Vizeanführerin der Katzengang werden wollte, sind genau die, mit denen Sie den Heiratsantrag eines unerwünschten Bewerbers ausschlagen würden.**

Sind Sie diplomatisch und sagen: »Ich bin nicht gut genug für dich« oder »Es gibt bestimmt einen besseren Partner für dich«? Oder reagieren Sie schroff und abweisend? Sagen Sie: »Ach, das hat mir gerade noch gefehlt«? Oder »Für so einen Firlefanz habe ich keine Zeit« oder »Wie bist du denn ausgerechnet auf mich verfallen?« Dann sollten Sie etwas mehr Rücksicht auf die Gefühle Ihrer Mitmenschen nehmen.

3. **Die Eigenschaften der Katze, die Ihnen empfohlen wurde, sind genau die, die Sie sich von Ihrem Traumpartner erhoffen.** Denken Sie doch einmal genau über Ihre Idealvorstellungen nach.

4. **Sie haben sich in die verschmähten Katzen hineinversetzt. D.h. es geht hier um Ihre eigene Reaktion auf die Ablehnung eines Heiratsantrags.** Würden Sie heftig protestieren? Würden Sie die angebetete Person bitten, sich die Sache noch einmal zu überlegen? Oder würden Sie sofort aufgeben und sich zurückziehen? Sagen Sie bloß, Sie würden gar nicht daran denken, sondern beharrlich weitermachen, bis der Partner doch noch ja sagt?

In der *Dämmerung*

Wenn der endlos weite Himmel über uns die Farbe wechselt, ändert sich häufig auch unsere Stimmung.

Angesichts eines wolkenlosen, blauen Morgenhimmels und der Sonne fühlen wir uns unbeschwert und heiter. Die Farben Blau und Goldgelb füllen unsere Herzen mit Optimismus.

Vertieft sich jedoch das strahlende Blau des Himmels gegen Abend zu einem dunkleren Indigoblau, legt sich auch oft eine gedämpftere, fast geheimnisvolle Stimmung über unser Gemüt. Zuweilen fühlt man sich sogar leicht unbehaglich. Kennen Sie dieses Gefühl?

Die Zeit der Dämmerung hält nicht lange an, eine halbe Stunde vielleicht. Man zögert noch, das Licht einzuschalten, auch wenn die Umrisse der Gegenstände schon verschwimmen. Spüren Sie wie die Dämmerung sich in Ihr Herz senkt?

Schließlich bricht die Dunkelheit herein, und mit ihr verdüstert sich gelegentlich unsere Stimmung. Der nächste Morgen mit blauem Himmel kommt bestimmt, aber die Dunkelheit ist eben das Herrschaftsgebiet der Melancholie.

Stellen Sie sich nun folgende Situationen vor.

1. Die Sonne geht gerade unter, und es dämmert. Sie sind auf dem Weg nach Hause und schauen sich den Mond an, der am Himmel sichtbar wird. Irgendwie sieht er anders aus als an den Abenden zuvor. Wie hat er sich verändert?

2. In der beginnenden Dunkelheit flattert ein weiß leuchtender Schmetterling vor Ihnen her. Als Sie ihm folgen, führt er Sie zu einer Person, die anscheinend auf Sie gewartet hat. Wer ist es?

3. Durch diesen Umweg haben Sie sich ein wenig verlaufen. Als Sie etwas ratlos weitertrotten, merken Sie, daß vor Ihnen jemand geht. Als Sie die Person ansprechen, dreht sie sich um. Wer ist es?

4. Obwohl Sie eigentlich auf Ihrem Heimweg sind, gelangen Sie an einen See. Gibt es Fische darin? Wenn ja, wie viele?

Dunkelheit symbolisiert einerseits Gefahr und Angst, steht aber auch für die mysteriösen Verlockungen unbegrenzter Möglichkeiten. Hier geht es um Ihre Träume im Dämmerlicht Ihres Unterbewußtseins und damit um Ihre Zukunft.

1. In der Psychologie ist der Mond ein archetypisches Bild für die Mutter. Die Veränderungen, die Sie am Mond wahrnehmen, sind demnach **Hinweise auf Ihr künftiges Verhältnis zu Ihrer Mutter.** Erscheint Ihnen der Mond schmaler und irgendwie hilfloser als sonst, werden Sie sich in der Zukunft um sie kümmern wollen. Ist er dagegen voller und leuchtet heller, sehen Sie Ihre Mutter auch in der Zukunft als die Stärkere, unter deren Obhut Sie leben.

2. Schmetterlinge sind Symbole für die Wandelbarkeit der Seele. Der Mensch, zu dem der Schmetterling Sie führt, entspricht Ihrem Ideal. **So möchten Sie in Ihrem nächsten Leben auf die Welt kommen.**

3. Die Person, die vor Ihnen hergeht, **ist charakterlich quasi Ihr Gegenpol.** Deshalb können Sie sie nicht verstehen und finden sie möglicherweise sogar unsympathisch. Andererseits fühlen Sie sich insgeheim stark zu ihr hingezogen. Denken Sie einmal genau darüber nach.

4. **Der See hat eine sexuelle Konnotation, ist aber gleichzeitig ein Symbol für das Lebensende.** Einer der Fische, die darin schwimmen, sind Sie selbst als alter Mensch. Schwimmt er mit vielen anderen Fischen munter herum? Oder ist es nur ein einzelner Fisch? Und falls es in Ihrem See gar keine Fische gibt, könnte Ihr Lebensabend ziemlich einsam werden. Sie sollten möglichst bald damit anfangen, sich einen Freundeskreis zu schaffen.

Mein Freund, *der Baum*

Die Pflanzenwelt wechselt je nach Jahreszeit Ihr Erscheinungsbild und bereitet uns damit viel Freude. Auch wenn im Herbst die Blätter fallen und Früchte geerntet oder von Vögeln gefressen werden, erfreuen uns alle Pflanzen im Frühling wieder mit ihrer Frische. Manchmal macht uns schon ein bescheidenes Blümchen am Wegesrand glücklich. In der Natur erholen wir uns am schnellsten vom Alltagsstreß, denn wir spüren ihre Kraft. Machen wir also einen Ausflug ins Grüne.

Sie gehen auf einer Wiese spazieren und stehen plötzlich vor einem Obstbaum. Was für ein Obstbaum ist das? Wie viele Früchte trägt er? Zeichnen und beschreiben Sie ihn.

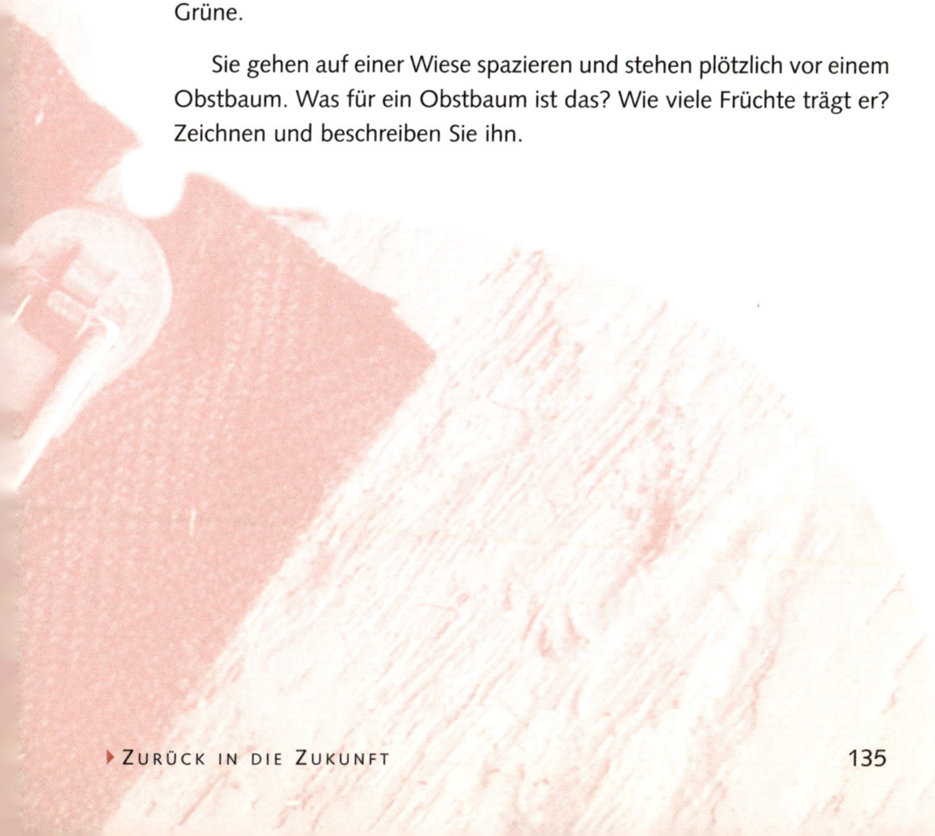

*W*ie sieht Ihr Baum aus? Seine Größe ist **Ausdruck Ihres Selbstbewußtseins und Ihrer beruflichen Ambitionen.**
Welche Früchte und wie viele davon trägt der Baum? – Die Früchte stehen für Ihren **beruflichen Erfolg.** Wenn der Baum viele saftige, prächtige Früchte in der ganzen Krone verteilt trägt, sind Sie rundherum erfolgreich. Trägt Ihr Baum nur eine einzige große Frucht, winkt Ihnen ein Riesenerfolg in einer ganz bestimmten Angelegenheit.

Mama *Bär*

Als Kinder haben wir alle gern gemalt. Erinnern Sie sich daran, und malen Sie, ehe Sie weiterlesen, ein Bild von einem Bären.

Erst jetzt dürfen Sie weiterlesen. Wie sieht Ihr Bär aus? Welchem der folgenden vier Bären ist er am ähnlichsten?

1. Einem Bären, der sich gemütlich zusammengerollt hat.
2. Einem aufgerichteten Bären mit drohend erhobenen Tatzen.
3. Einer Bärin mit einem wolligen Bärenjungen.
4. Einem niedlichen Teddybären.

Der Bär ist ein Symbol für die »Große Mutter«.
Sind Sie eine Frau, entspricht der Bär der Vorstellung, die Sie von sich als Mutter haben.
Sind Sie ein Mann, entspricht er dem Bild, das Sie von Ihrer Mutter haben.

1. **Ein Bär, der sich gemütlich zusammengerollt hat.** – Frauen: Sie sind wahrscheinlich eine sehr ruhige und gelassene Mutter, die viel Wert auf ein harmonisches Familienleben legt. Männer: Ihre Mutter ist Ihnen vermutlich als eine sehr ruhige Frau in Erinnerung, die in Ihrer Kindheit für ein sehr friedliches Familienleben gesorgt hat.

2. **Ein aufgerichteter Bär mit drohend erhobenen Tatzen.** – Frauen: Als Mutter haben Sie eine Menge Power und lassen sich nicht so leicht auf der Nase herumtanzen. Männer: Ihre Mutter ist wahrscheinlich eine sehr starke Frau. Vielleicht schaffen Sie es bis heute nicht, sich ihr zu widersetzen?

3. **Eine Bärin mit einem wolligen Bärenjungen.** – Frauen: Sie sind eine liebevolle und fürsorgliche Mutter, und Ihre Kinder hängen sehr an Ihnen. Männer: Sie haben nur schöne Erinnerungen an Ihre Mutter. Sie hat Sie mit viel Liebe großgezogen. Pflegen Sie diese positiven Erinnerungen!

4. **Ein niedlicher Teddybär.** – Frauen: Es könnte sein, daß Sie als Mutter manchmal etwas nachlässig sind. Aber mit Ihrem Charme machen Sie sicher vieles wett. Männer: Sie hatten eine sehr hübsche Mutter, die Sie eher beschützen wollten. Hören Sie nicht auf damit!

Trautes *Heim*

Was bedeutet Ihnen Ihr »trautes Heim«?

Manchen Menschen genügt es schon, einfach ein Dach über dem Kopf zu haben. Sie gehen eigentlich nur zum Schlafen nach Hause. Für die meisten von uns ist das Zuhause jedoch ein Zufluchtsort, an dem wir uns sicher fühlen und Kräfte für unsere Unternehmungen sammeln.

Das eigene Haus oder die eigene Wohnung hat für jeden einen anderen Stellenwert und ist mit unterschiedlichen Gemütszuständen und Assoziationen verbunden.

Betritt man die Wohnung eines Menschen zum erstenmal, hat man häufig den Eindruck, in ihr den Charakter ihres Bewohners wiederzuerkennen: die Wohnung als Spiegel der Seele.

Stellen Sie sich Ihr Traumhaus vor. Wir öffnen die Tür, treten ein und schauen uns um.

1. Gleich hinter dem Eingang befindet sich ein Treppenaufgang ins erste Stockwerk. Ist die Treppe hell beleuchtet? Oder ist es dort dämmrig? Oder womöglich ganz dunkel?

2. Welcher Raum ist der schmutzigste: der Flur, die Toilette, das Bad oder das Wohnzimmer?

3. Welcher Raum ist der sauberste und freundlichste?

4. Plötzlich fällt Ihnen auf, daß die Eingangstür einen Spalt offensteht. Jemand späht ins Haus. Wer ist es? Nennen Sie den Namen eines Ihnen bekannten Mannes oder – wenn Sie ein Mann sind – den einer Ihnen bekannten Frau.

Im Haus Ihrer Phantasie manifestieren sich Ihre Erwartungen an Ihr Leben bzw. Ihre Karriere. Wie stellen Sie sich Ihre private oder Ihre berufliche Zukunft vor?

1. **Die Treppe steht für Ihren Blick in die Zukunft.** Ist sie hell beleuchtet, sehen Sie in privater und beruflicher Hinsicht optimistisch und erwartungsvoll in die Zukunft. Herrscht jedoch Dämmerlicht, sind Sie sich über Ihre Aussichten möglicherweise nicht ganz im klaren. War es ganz dunkel, sollten Sie den Ursachen dafür so schnell wie möglich auf den Grund gehen. Warum sehen Sie so schwarz?

2. Die Antwort auf die Frage nach dem schmutzigsten Raum verrät, wo ihre Schwachpunkte liegen und wovor Sie sich hüten sollten. Ist der Flur am schmutzigsten, könnten Sie an **zwischenmenschlichen Beziehungen** scheitern, denn Sie machen sich ungern die Mühe, andere in Ihrem privaten Bereich willkommen zu heißen. Ist die Toilette ungepflegt, neigen Sie möglicherweise dazu, **Schulden** zu machen. Ein unsauberes Bad deutet auf **gesundheitliche Probleme hin**, und für ein schmuddeliges Wohnzimmer können **Disharmonie und Unverständnis im familiären Bereich** verantwortlich sein.

3. Wenn der Flur der sauberste Raum war, streben Sie in erster Linie **gute zwischenmenschliche Beziehungen** an. Eine makellose Toilette beweist, daß **Geld** für Sie große Bedeutung hat. Für Menschen, die ein sauberes Bad am meisten schätzen, ist **Gesundheit** das höchste Gut. Bei wem das Wohnzimmer der sauberste und schönste Raum, bei dem steht die **Familie** an erster Stelle.

4. **Die geöffnete Tür ist ein Symbol für eine Verlockung zum Seitensprung.** Die Person, die durch den Türspalt hereinschaut, könnte unter Umständen Ihr Leben ruinieren. Erschreckt es Sie nicht ein wenig, daß diese Person Ihnen ziemlich nahesteht?

Eine Schublade voller *Vergangenheit*

Im Frühling mottet man die dicken Wintersachen ein und bringt sie auf den Speicher – eine prima Gelegenheit, den Kleiderschrank aufzuräumen. Sicherlich fallen Ihnen dabei auch immer ein paar Sachen in die Hände, von denen Sie sich einfach nicht trennen können.

Da ist der Mantel, den Sie seit Jahren nicht mehr getragen haben, aber nicht ausrangieren wollen, weil er eigentlich noch ganz in Ordnung ist. Oder das grüne Kleid, das schon längst aus der Mode ist. Immerhin könnte man es ändern lassen und wieder tragen. Oder die Hose, die Ihnen von Anfang an zu eng war, aber damals hatten Sie ja diese Diät angefangen ... Kommt Ihnen das bekannt vor?

Ihr Kleiderschrank und Ihre Schubladen sind eindeutig zu voll. Da hilft nur noch ausmisten. Haben Sie den Mut, sich von überflüssigen Dingen zu trennen?

1. Endlich haben Sie sich entschlossen, einmal gründlich auszumisten. Aber eine Schublade geht nicht mehr auf. Was tun Sie?
2. Ganz hinten im Schrank haben Sie Ihre Lieblingshose von früher entdeckt. In welchem Zustand ist die Hose?
3. Sie probieren die Hose an. Paßt sie Ihnen noch?
4. Was haben Sie jetzt mit der Hose vor?

Freud zufolge steht der Schrank für die Vergangenheit, die Schublade für Sexualität. Die Hose, die darin versteckt ist, symbolisiert in diesem Zusammenhang sexuelle Beziehungen in Ihrer Vergangenheit. Mit Ihren Antworten haben Sie also Ihr sexuelles Vorleben offenbart.

1. **Ihr Umgang mit der störrischen Schublade illustriert Ihre Trennung von einer ehemaligen Liebe.** Lassen Sie die Schublade einfach zu, haben Sie damals nicht selbst die Initiative ergriffen, sondern abgewartet, bis die Beziehung auseinanderging. Versuchen Sie jedoch die Schublade mit Gewalt zu öffnen, haben Sie damals eine klare Trennung vollzogen und die Kränkung Ihres Partners in Kauf genommen. Holen Sie jemanden, der Ihnen hilft, die Schublade aufzukriegen, haben Sie auch bei der Trennung fremde Hilfe in Anspruch genommen.

2. **Ihre Lieblingshose von damals verkörpert Ihren ersten Sexualpartner.** Wenn Sie sie sehr sorgfältig aufbewahrt hatten, um sie jederzeit wieder tragen zu können, haben Sie auch Ihre erste Liebe nicht vergessen. Lag die Hose zusammengeknäult in einer Ecke, könnte das ein Hinweis sein, daß Sie die Erinnerung an diese Zeit verdrängen möchten. Ist die Hose verblichen, sind Sie der Auffassung, jetzt einen besseren Partner gefunden zu haben.

3. **Der Sitz der Hose symbolisiert die Art der sexuellen Beziehung, die Sie hatten.** Sitzt sie immer noch perfekt? Oder ist sie so altmodisch geworden, daß Sie sie nicht mehr tragen möchten? Oder gefallen Ihnen die Farbe und der Schnitt nicht mehr? Am schönsten wäre es natürlich, wenn Sie sich bei Ihrem jetzigen Partner am wohlsten fühlen.

4. **Ihre Pläne mit der Hose verraten, ob Sie die Beziehung zu Ihrer verflossenen Liebe tatsächlich verarbeitet haben.** Legen Sie die Hose wieder in den Schrank zurück? In diesem Fall hängen Sie noch stark an ihr. Möglicherweise flammt Ihre alte Liebe sogar wieder auf, wenn Sie sich je wiederbegegnen sollten. Oder wollen Sie die Hose lieber einer Freundin schenken? Offensichtlich können Sie noch nicht ganz mit der Vergangenheit brechen. Oder haben Sie die Hose gleich in die Altkleidersammlung gegeben? In diesem Fall haben Sie hundertprozentig mit ihrer früheren Beziehung abgeschlossen. Sie wissen, was Sie wollen, und meistern Ihr Leben bravourös.

Im *Rampenlicht*

Das Leben wird manchmal mit einem Theaterstück verglichen. Das Drama beginnt mit der Geburt, der viele Akte auf der Bühne des Lebens folgen: Kindergarten, Schule, Studium, Beruf und Ehe. Jeder Lebensabschnitt ist voller dramatischer Ereignisse: Liebe, Trauer, Erfolg, Mißerfolg, möglicherweise wird es sogar richtig spannend und geheimnisvoll. Und Held bzw. Heldin dieses Dramas sind Sie.

Die möglichen Variationen der Handlung sind ebenso vielfältig und verschieden wie die beteiligten Menschen. Kein Plot gleicht dem anderen. Sind auch nur zwei Personen in das Geschehen verwickelt, können sich schon zwei völlig verschiedene Perspektiven entwickeln und zwei unterschiedliche Versionen des Dramas entstehen. In Ihrem Leben stehen jedoch Sie ganz allein als Hauptdarsteller im Rampenlicht.

1. Sie sind Schauspieler in einer Theatertruppe. In was für einem Stück würden Sie am liebsten auftreten? (Sie müssen kein bestimmtes Stück nennen, nur ein Genre – z.B. Kriminalstück, Tragödie etc.) Wie sollte die Schlüsselszene Ihres Stückes aussehen? Schildern Sie sie.

2. Sie bekommen die Hauptrolle. Wie reagieren Ihre Konkurrenten?

3. Sie haben Generalprobe. Der Regisseur sitzt im Zuschauerraum und macht ein unzufriedenes Gesicht. Was gefällt ihm nicht?

4. Das Stück ist zu Ende – ein Riesenerfolg. Nachdem die letzten Zuschauer das Theater verlassen haben, stehen Sie allein auf der Bühne. Welche Gedanken haben Sie?

Die fiktive Situation, in deren Mittelpunkt Sie stehen, ermöglicht uns einen Blick auf das Kommende.

1. **Das Theaterstück, in dem Sie auftreten möchten, gibt Hinweise auf Ihre Zukunft.** Die Schlüsselszene, die Sie sich ausgedacht haben, kann mit einem entscheidenden künftigen Wendepunkt in Ihrem Leben gleichgesetzt werden. Ist der Höhepunkt in Ihrem Stück z.B. eine Liebesszene, könnte eine Liebesbeziehung die Wende in Ihrem Leben herbeiführen. Oder besteht der Höhepunkt Ihres Stückes in der Trennung von einem engen Freund, einer Begegnung mit Gleichgesinnten oder in einer Kampfszene? Beginnt Ihr Stück mit einer Schlüsselszene, kann der Wendepunkt nicht mehr fern sein. Haben Sie hingegen die Schlußszene zum Höhepunkt erkoren, erleben Sie vielleicht im Alter noch einmal eine große Veränderung.

2. **Ihr Rivale ist in Wirklichkeit Ihr künftiges Selbst.** Stets werden andere Ihnen Konkurrenz machen. Wie werden Sie darauf reagieren? Sind Sie der Meinung, der Bessere möge gewinnen? Und nehmen sich vor, beim nächsten Mal selbst der Bessere zu sein? Können Sie fair bleiben? Oder sind Sie neidisch und mißgönnen anderen den Erfolg?

3. **Der Regisseur stellt Ihr Alter ego dar,** das bedeutet, das, was ihm nicht gefallen hat, sind Ihre persönlichen Schwachpunkte, auf die Sie in Zukunft achten sollten. Findet er, daß der Hauptdarsteller sich zu sehr in den Vordergrund drängt? Oder daß die Nebendarsteller zu dominant auftreten? Kritisiert er mangelndes Engagement? Fehlt es den Akteuren an Verve und Überzeugungskraft?

4. **Ihre Überlegungen nach dem Stück stehen für Ihre letzten Gedanken vor dem Tod.** Waren Sie froh, daß alles vorüber ist? Haben Sie im Geiste allen Mitwirkenden gedankt? Oder war das beherrschende Gefühl Ihre Müdigkeit? Waren Sie einfach glücklich? Oder war Ihr erster Impuls: Nie wieder!?

Als ich *klein war ...*

Es gibt bestimmt einige Erlebnisse aus Ihrer Kindheit, an die Sie sich besonders gut erinnern können. Bilder von Ereignissen, die keinen besonderen Eindruck hinterlassen haben, sind dagegen verblaßt oder verschwommen.

Machen wir doch mal einen kleinen Ausflug in Ihre Kindheit.

Was ist Ihre schönste Kindheitserinnerung? Erzählen Sie ausführlich davon und erklären, warum Sie damals so glücklich waren. Erstatten Sie anschließend ebenso ausführlich Bericht über Ihr schlimmstes und traurigstes Erlebnis in Ihrer Kindheit.

Natürlich sind Sie rückblickend in der Lage, die Ereignisse zu objektivieren, die Sie damals so glücklich oder so traurig gemacht haben. Die Wahl Ihrer Erinnerungen gestattet dennoch Rückschlüsse auf Ihre heutige Lebensführung. Warum habe ich mich damals so gefreut, warum habe ich geweint? Anhand dieser Überlegungen lassen sich Ihre gegenwärtigen Bedürfnisse genauer erforschen.

1. **Warum haben Sie sich so glücklich gefühlt?** – Hier einige Beispiele: »Ich habe etwas bekommen, das ich mir schon lange gewünscht hatte.« – Sie sind ein Mensch, der sein Herz an Dinge hängt.
»Meine Mutter war so stolz auf mich.« – Lob bedeutet Ihnen sehr viel.
»Ich stand im Mittelpunkt.« – Sie mögen es auch heute noch, im Zentrum der Aufmerksamkeit zu stehen.

2. **Was war Ihr schlimmstes Erlebnis?** – »Ich wurde beim Stibitzen erwischt.« – Sie haben ein schlechtes Gewissen, wenn Sie etwas Verbotenes tun.
»Meine beste Freundin hat mich verraten.« – Sie möchten immer gut mit allen auskommen und wünschen sich häuslichen Frieden.
»Ich bin von zu Hause weggelaufen und habe den Weg zurück nicht gefunden.« – Eigentlich sind Sie abenteuerlustig, trauen sich aber nicht so recht.

Versuchen Sie, aus Ihren Kindheitserinnerungen Ihre heutigen Bedürfnisse herauszulesen!

Be my *Baby*

Süße kleine Patschhändchen, Kirschmündchen und pfirsichzarte Haut – sind Babys nicht unwiderstehlich? Alle Opis und Omis, auch wenn sie noch so hochbetagt und schrumplig sind, waren einmal kleine niedliche Babys. Genau wie Sie selbst ...

Eine junge Mutter mit einem Baby auf dem Arm kommt Ihnen entgegen. Das Baby strahlt. Sie schauen das Baby an, und Ihre Blicke treffen sich. Wie reagiert es?

Babys sind unschuldig und süß, aber auch launisch, eigenwillig und manchmal sogar unberechenbar. Die Reaktion des Babys steht stellvertretend für die Ihres Partners an Ihrem gemeinsamen Lebensabend.

1. Strahlt das Baby Sie an?

2. Schaut es abrupt weg?

3. Guckt es ängstlich und fängt an zu weinen?

4. Oder streckt es die Ärmchen nach Ihnen aus und will von Ihnen getragen werden?

Ziehen Sie Ihre eigenen Schlüsse!

Tadahiko Nagao · Isamu Saito

KOKOLOGY

Das Spiel des Herzens. Entdecken Sie die Wahrheit über Ihre Seele. 160 Seiten. Geb. Deutsch von Gabriele Wurster, Anita Brockmann und Annelie Ortmanns.

Nach Feng-Shui und Tamagotchi, Mangas und Pokémon jetzt der neue Trend aus Fernost: KOKOLOGY, das spannende Erlebnisbuch mit originellen Fragen zum Mitmachen.
Stellen Sie sich vor, Sie sind im Süßwarenladen. Was wählen Sie aus dem verführerischen Angebot aus – Pralinen und Schokolade, Bonbons oder Lakritze? Und wem würden Sie von Ihren Köstlichkeiten am ehesten was abgeben? – Nehmen wir mal an, Sie haben sich in einer großen Höhle verlaufen und irren durch die verzweigten Gänge. Da flüstert Ihnen plötzlich jemand etwas zu. Was sagt die geheimnisvolle Stimme? Und wem gehört Sie? ...
Spielen Sie KOKOLOGY alleine oder mit den Menschen um Sie herum. Gefühle und Sexualität, Freundschaft und Familie, Job oder Sport: erfahren Sie die verblüffende Wahrheit, wie Sie auf andere wirken und wer Sie wirklich sind.

KABEL

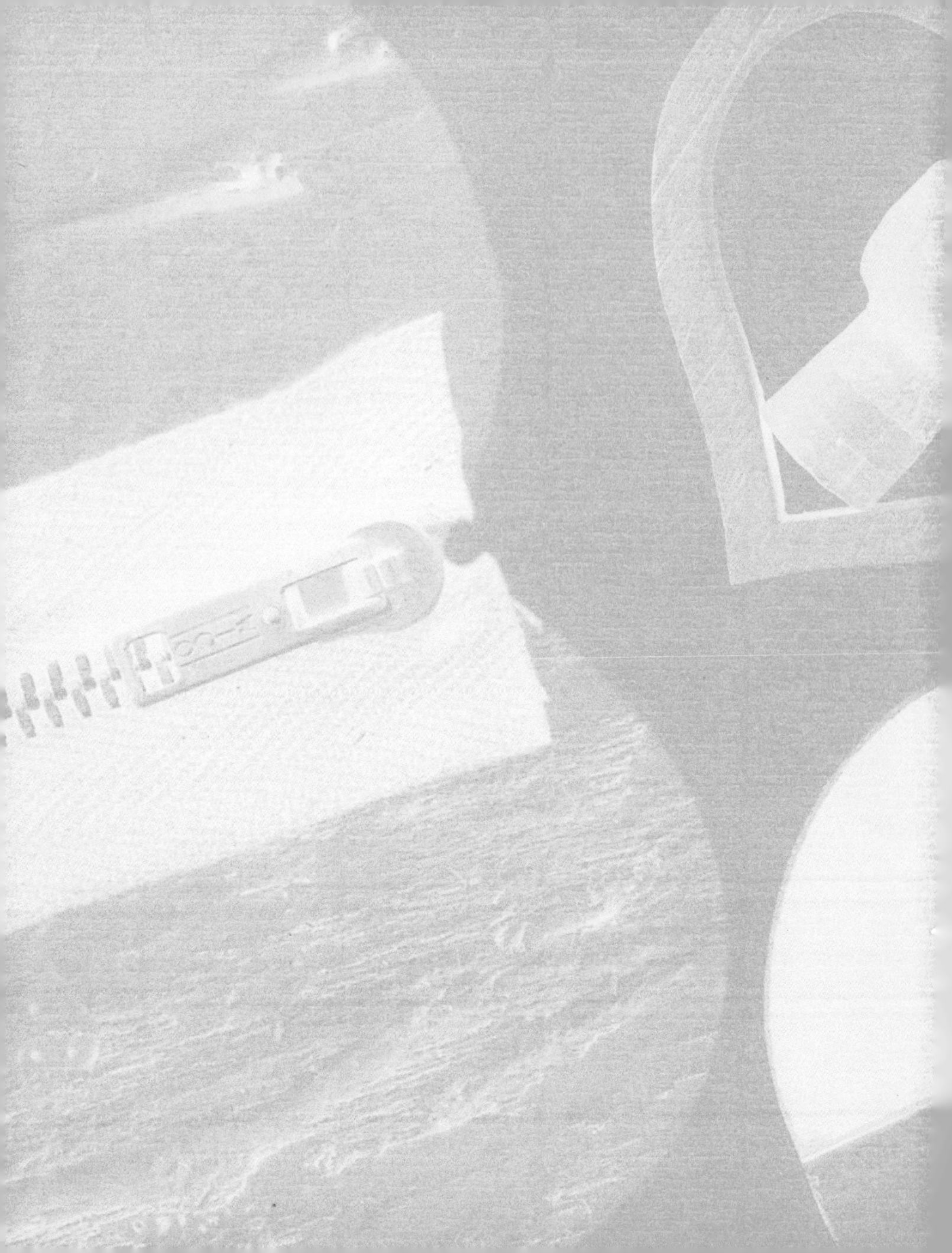